中国潜水打捞行业协会休闲潜水系列丛书

潜水长手册

主　编：王　奇　王佐恺

副主编：刘　芳　李良修

编　委：（按姓氏笔画排列）

于澎涛　王丽丽　王翔宇　丛李芳　吕　坤

刘坤坤　周　侠　赵丙坤　崔严文　韩理珵

臧恒源

中国海洋大学出版社

·青岛·

图书在版编目（CIP）数据

潜水长手册 / 王奇，王佐恺主编. —青岛：中国海洋
大学出版社，2021.11
（中国潜水打捞行业协会休闲潜水系列丛书）
ISBN 978-7-5670-2997-2

Ⅰ.①潜… Ⅱ.①王… ②王… Ⅲ.①潜水员—手
册 Ⅳ.①U676-62

中国版本图书馆CIP数据核字（2021）第221726号

出版发行	中国海洋大学出版社
社　　址	青岛市香港东路23号　　邮政编码　266071
网　　址	http://pub.ouc.edu.cn
出 版 人	杨立敏
责任编辑	邹伟真
电　　话	0532-85902533
电子信箱	zwz_qingdao@sina.com
印　　制	青岛国彩印刷股份有限公司
版　　次	2021年11月第1版
印　　次	2021年11月第1次印刷
成品尺寸	170 mm × 230 mm
印　　张	6.5
字　　数	50千
印　　数	1-1000
定　　价	300.00元
订购电话	0532-82032573（传真）

发现印装质量问题，请致电0532-58700166，由印刷厂负责调换。

中国潜水打捞行业协会休闲潜水系列丛书

编委会

总 序

21世纪，人类进入了大规模开发利用海洋的时期。海洋在我国经济社会发展和对外开放大局中的作用更加重要，提高海洋资源开发能力，发展海洋经济，保护海洋生态环境已成为新时代的重要课题之一。

中国潜水打捞行业协会（China Diving & Salvage Contractors Association，CDSA）是目前世界上唯一集救助打捞、海洋工程、船舶及装备制造业、（全面覆盖）空气潜水、混合气潜水、饱和潜水和常压式潜水等多种潜水技术培训、发证为一身的行业自律管理社团组织，是经国家批准成立的非营利性社会组织。长期以来，中国潜水打捞行业协会为工程潜水提供行业规范、团体标准和专业指导服务，秉承"一个目标，两个追求，三个服务"的协会发展宗旨，负责行业自律管理体系下多种潜水培训、发证和管理，在潜水打捞、应急救援和海洋工程、港口和水工工程、水下工程质量检测领域发挥了积极作用，培训出大量具有强烈安全意识、丰富经验和较高水平的水下作业人员，为促进行业良性发展起到了重要作用。同时，中国潜水打捞行业协会也发挥了政府与企业、事业之间及政府与社会之间的桥梁和纽带作用，承担了应尽的社会责任和义务。

为响应国家"发展海洋旅游"的战略，中国潜水打捞行业协会以专业性优势及强大的专家团队支持，积极开发国有休闲潜水体系，支持自有知识产权丛书的开发。中国潜水打捞行业协会开展的一系列潜水打捞行业自律管理体系既符合中国国情又符合国际标准，有力助推了国家共建"一带一路"、海洋经济走出国门的发展战略。

此次我欣然接受青岛海洋技师学院的邀请，为中国出版的第一套自有知识产权休闲潜水丛书作序。2018年1月26日，中国潜水打捞行业协会在青岛隆重举行了开展休闲潜水的启动仪式，颁发了首批培训机构、休闲潜水员、教练员证书。"中国潜水打捞行业协会系列丛书"的撰写以及以此为基础所开展的培训和发证工作，表明中国休闲潜水培训发证一直由外国商业机构垄断长达20年的格局已经被打破，开启了中国自主休闲潜水培训、发证和自律管理的历史新纪元。同时，提升了国人的海洋意识，促使国人更多地亲近海洋，也帮助相关从业者和从业公司更规范地经营，提供更高水平、更专业化的服务和支撑，使整个行业更加规范、安全、环保。实现海洋可持续发展是中国潜水打捞行业协会应尽的义务和奋斗目标。

中国休闲潜水事业已经扬帆起航，并将迎来一个飞速发展的黄金期。我相信在国家政策的正确指引下，在有关部门和社会各界的关心下，在广大会员和休闲潜水爱好者的积极参与下，一定能够成功打造出可以向世界展示我国现代化休闲潜水事业的国家品牌。同时，也希望这套丛书可以起到抛砖引玉的作用，使中国涌现出更多的休闲潜水爱好者、海洋环境保护者，进一步推动广大青少年了解海洋、接触海洋、热爱海洋。

中国潜水打捞行业协会理事长

宋家慧

2019年6月6日

总前言 FOREWORD

休闲潜水是一项充满挑战性和趣味性的休闲活动，在美好生活需求日益增长的今天，得到越来越多人的喜爱。为了满足社会对休闲潜水快速发展的需求，中国潜水打捞行业协会顺势而为，建立了我国休闲潜水培训架构体系，旨在培养更多更优秀的休闲潜水教练和潜水员，推动中国潜水行业发展，谱写新时代下中国休闲潜水发展的新篇章。

"中国潜水打捞行业协会系列丛书"由中国潜水打捞行业协会主导，非工程潜水技术专业委员会青岛海洋技师学院负责组织人员编写。

本丛书遵循中国潜水打捞行业协会发布的团体标准架构体系，包括了从休闲潜水员入门至休闲潜水教练级别的《开放水域潜水员》《进阶潜水员》《救援潜水手册》《潜水长手册》《高氧潜水》等教材。随着中国休闲潜水行业的蓬勃发展，未来会有更多专业图书列入。

　　青岛海洋技师学院是中国潜水打捞行业协会非工程潜水技术专业委员会依托单位、中国潜水打捞行业协会潜水员培训基地、中国首批休闲潜水培训基地。我们受协会委托组织编写本套丛书，在编写过程中，中国潜水打捞行业协会给予了大力指导，非工程潜水技术专业委员会委员单位给予了有力支持。各方面的帮助，使得本丛书内容更加丰富与完善，在此表示衷心的感谢！

　　在编写过程中，我们力求"中国潜水打捞行业协会系列丛书"科学合理，能够符合广大休闲潜水爱好者、休闲潜水教练的需要。但限于编者的水平，错漏难免，希望潜水专业人士和读者不吝指正，以利于下一版的改进。

"中国潜水打捞行业协会系列丛书"编委会

2020年7月1日

　　2008年6月2日，经民政部批准，中国潜水打捞行业协会在北京正式成立，我国潜水打捞行业由政府监管、行业自律管理的体制和机制初步形成。

　　中国潜水打捞行业协会系国家一级社团组织，是从事各类潜水、打捞、救助、海洋及水下工程、船舶及设施建造、潜水打捞装备装具制造、潜水医学保障、海洋海事科研、教学、培训、保险等相关机构自愿结成的行业性和非营利性社会团体。中央和国家机关工委、民政部、交通运输部为本行业协会领导、管理和业务指导部门。

　　十年磨砺，荣光初就。至2021年，中国潜水打捞行业协会会员单位已由起步时的114家发展至近500家，协会下设4个办事处、9个专业委员会。十几年来，协会逐步发展成国内外富有影响力的行业社团组织。

　　协会的宗旨是围绕国家发展大局，引导和规范本行业自律行为，维护本行业及会员合法权益，组织和协调行业内关系，助推和提升本行业整体管理水平和服务能力，发挥政府与企事业单位之间以及政府与社会之间的桥梁和纽带作用，承担应尽的社会责任和义务。

在党的十九大精神指引下，中国潜水打捞行业协会正满怀信心地向建设一流行业组织的目标迈进。

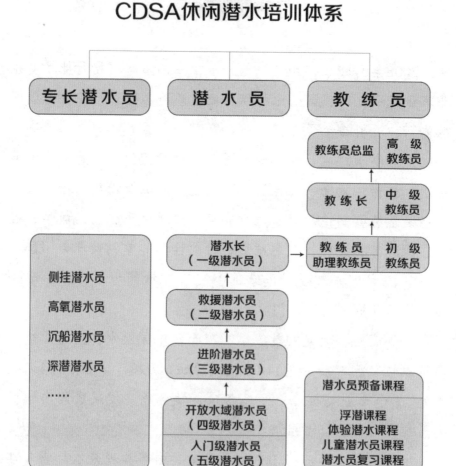

CDSA潜水进阶流程图

目 录 CONTENTS

第一单元

潜水长的角色

潜水长

DIVE MASTER

完成了救援潜水员课程，您已经具备了在必要时向潜伴和队友提供帮助的知识和能力，可以开始潜水长的学习，相信本课程能够带给您更多的收获。

本单元的学习内容：

一、潜水长的职责

二、学习潜水长课程的先决条件和要求

三、成为潜水长的准备

四、潜水长的学习内容

五、努力成为一名专业的潜水长

一、潜水长的职责

潜水长需要在教学过程中协助教练员（图1-1）。潜水长可以引领持证的潜水员进行水下观光活动，或者帮助长期不潜水的持证潜水员进行潜水前的课程复习。所以，潜水长需要很多的知识，熟练掌握各类技巧。

图1-1 潜水课程

二、学习潜水长课程的先决条件和要求

1．潜水长课程对潜水员的要求

（1）持有救援潜水员证书或其他认可机构签发的相同等级的证书。

（2）有40次开放水域潜水记录。

（3）年满18周岁。

（4）通过潜水长水性测试。

2．潜水长课程要求

（1）理论及水中技巧课程不低于40学时；在教练的直接监督指导下参与权限内的教学实习不低于30个学时。10次以上的开放水域训练，水深不超过30米。

（2）拥有夜潜/低能见度潜水、深潜和导航潜水经验。

（3）开放水域潜水活动中，向教练展示3次潜水计划、团体监管及问题解决的技能。

（4）熟练掌握所有的潜水技巧。

（5）完成一次完整的模拟持证潜水员潜水导游。

（6）教授他人浮潜课程。

（7）提交至少3次潜水计划。

完成以上要求，便可以获得潜水长执照了，同时也获得了学习教练员的资格。

三、成为潜水长的准备

1．生理准备

作为一名希望以潜水为职业的从业人员，潜水长需要保持良好的身体素质。在日常生活中，潜水长应摄取低脂肪、易于消化、高纤维的食物，注意营养均衡。由于脂肪对惰性气体溶解量较大，所以潜水长应控制体脂比。工作量较大时，避免进食不易消化和易产生气体的食物。在潜水前及潜水后要大量喝水，在工作日期间应保证充足的睡眠和休息时间。

每年都应进行全面的身体检查，并由潜水医师出具评定意见，确定身体情况。

2．心理准备

在学习潜水长课程期间，需要有一个从"被帮助者"向"提供帮助者"的转变。

作为专业人士，要有积极的态度和耐心，在跨入潜水长门槛的那一刻，就不再是"被服务"的那一方了，自己的行为应起到"表率"的作用。

相比教练，有些学员觉得潜水长更加平易近人，有问题也更加喜欢向潜水长进行求助。这就要求潜水长有着丰富的潜水知识。

四、潜水长的学习内容

1. 独立完成一份潜水计划

做一份适合整个团队的、完整的潜水计划，是潜水长的责任（图1–2）。

图1–2 在潜水前做好潜水计划

团队中潜水经验最少的队员允许的最大深度是多少？潜水员要经过哪些方面的专长训练？急救电话是多少？最近的急救医院在哪里？最近的高压氧舱在哪里？这些都是一份完备的潜水计划中需要考虑的因素。

2. 带领持证游客进行潜水观光

潜水长最重要职责之一便是带领持有潜水员证书的游客进行潜水观光活动（图1–3）。作为一名潜水专业人士，需要具备相应的知识和能力以及对潜水区

图1–3 潜水长带领持有潜水员证书的游客进行潜水观光

域的绝对了解。

3．带领游客进行体验潜水

有些游客对于是否要学习潜水还在犹豫，或者是来到海边的客人只有一天的假期而无法参加课程，潜水长需要能够带给游客一个完美的潜水体验行程，让游客窥得海底的魅力进而产生学习潜水课程的欲望（图1-4）。

图1-4　潜水长带领游客进行体验潜水

4．学习潜店运营相关知识

学习如何运营潜水中心，增强自己的职场竞争力，是每一位潜水长的必修课。

五、努力成为一名专业的潜水长

1．着装

作为一名专业人士，潜水长的形象代表着服务潜水中心的形象。所以工作期间穿着应该干净、整齐，才能给客人可靠的感觉，让客人放心选择。在不下水的时候，应该穿着潜水中心统一的制服；在下水时，应该整齐穿戴全套自携式潜水装具（图1-5）。

潜水长也应定期保养自己的专属装备，要及时维修和替换掉已经坏掉的装备，使自己的装备随时处于干净、整洁的状态。

图1-5　潜水长

2．言行举止

一名专业的潜水长应保持礼貌，在客人面前随时保持微笑，热情地与他人打招呼。一名态度良好的潜水长会大大地为潜水中心增色。

3．时刻保持整洁

不仅自己的着装需要时刻整洁，所负责的区域也应该随时都是整洁的。在不下水的时候也要随手收拾装备并摆放整齐（图1-6）。

4．努力践行环保理念

作为一名海洋相关从业者，环保不仅仅是一句口号，潜水更应努力践行环保理念。

图1-6 潜水长要随时保持负责区域的整洁

潜水长的言行对潜水员的影响是很大的。潜水长应告诉潜水员们，不要触摸海底生物，不要乱丢垃圾。

【讨论】

1.潜水长毕业需要有多少次开放水域记录?

2.潜水长学习的内容有哪些?

第二单元

海洋环境与海洋生物

潜水长需要比普通潜水员更加了解海洋的基本知识以及海洋生物。

本单元的学习内容：

一、海洋的基本知识

二、有趣的海洋生物

一、海洋的基本知识

海洋是由水构成的，而水循环是生态系统生生不息的动力。水主要通过蒸发至大气层，冷凝后通过降水的形式返回地球，陆地上的水又通过江河或地下水等径流的形式流入海洋。

1. 海洋生物

海洋生物根据生活方式可以分为浮游生物、游泳生物和底栖生物三个主要类群。

浮游生物有植物和动物，往往很小，运动能力弱，但是在生态系统中占有非常重要的地位，它们是海洋生态系统中能量和物质循环的基础。底栖生物也含植物和动物。游泳生物只有动物。

表层海水每天可以接收阳光，让海水中的浮游植物通过光合作用将海水中丰富的二氧化碳和碳酸氢盐转化为可吸收的营养和氧气。

海洋中植物的光合作用制造出的氧气占地球大气氧含量的70%，浮游生物又为更高等级的海洋生物提供食物，高等级海洋生物的粪便和尸体完全分解后形成的有机物再次进入循环，形成完整的生物链。

水的比热容较高，经常被用来做冷却液，海水吸收大量热量后温度变化较小，这也意味着海中的生物不必遭受温度的急剧变化，这也是海中生物存活的条件之一。

海洋为生命的诞生与繁衍提供了条件，对于控制和调节全球气候方面发挥了重要的作用。

2. 洋流

洋流是海水长期大规模沿一定方向较为稳定的流动。

洋流可以分为暖流和寒流，出发地点比到达地点水温高的是暖流，反之则为寒流。一般由低纬度流向高纬度的洋流为暖流，由高纬度流向低纬度的洋流为寒流。洋流是地球表面热环境的主要调节者，寒、暖洋流交汇的地方也会将下层的营养物质带到表层，有利于鱼群的繁殖，往往会形成大型渔场。

3．水体运动对潜水的影响

水体的运动会产生极大的能量，洋流的影响、潮汐的变化、冷暖流的交替、海底形态的变化都会对水体产生影响。

波浪：有风的地方就会形成波浪，波浪的高度受到风速、风持续时间、风吹的单一距离的影响。如果风速很慢，只会有很小的波浪；如果风速很快，吹了很长一段时间，并且距离很长，则会有很大的波浪（图2-1）。

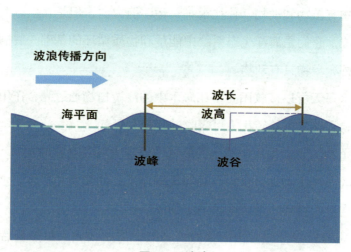

图2-1　波浪

涌浪：涌浪是风停止后或风已削弱，改变了原来风向，在海面上留下的波浪。涌浪对我们潜水影响比较大，在浅水区时我们能明显感觉到涌浪推着我们前后移动。这种时候最好的办法是下潜到一定深度。

潮汐：潮汐是由太阳和月亮的引力造成的，潮汐的起落在自然界中发挥着重要的作用，并对海洋活动产生着巨大影响。陆地、海湾、悬崖和其他地貌特征也会干扰潮汐，有可能加强潮汐，也有可能减弱潮汐。

潮汐就像每天太阳从东方升起、星辰在夜间现身一样有规律，我们确信大海会有潮起潮落。我们的祖先为了表示生潮的时刻，把发生在早晨的高潮叫潮，发生在晚上的高潮叫汐，这是潮汐名称的由来。海边的潜店都贴有一张潮汐表供潜水长和教练查看，因为潮汐对水流和能见度有着很大的影响，对我们潜水活动的安全以及潜水计划的执行非常重要。

知识链接

　　国家海洋信息中心是国家潮汐、潮流预报的责任单位，是潮汐表编制、发行的承担单位，是我国海洋数据集成管理和对外服务的责任单位，国家海洋信息中心发布的潮汐图见图2-2。

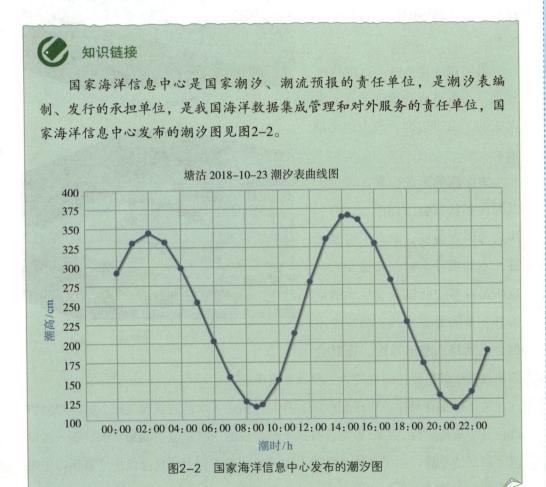

图2-2　国家海洋信息中心发布的潮汐图

　　沿岸流：岸边浪的速度取决于海底和海岸线的地形及水的深度，随着波浪在岸边的运动，波浪先与海岸碰撞部分减缓了前浪的速度，结果波浪的形状趋近于海岸线的形状。此外，波浪不会完全平行于海岸线到达海滩，相反它们会以一个比较小的角度与海岸线相切，我们称为"迎浪角度"。当波浪到达岸边或海岸线，会释放出一股能量，形成平行于海岸线的流，这种流我们就叫作沿岸流（图2-3）。

图2-3　沿岸流

离岸流（图2-4）：也叫回卷流，是垂直或者接近垂直于海岸线的，由岸边向外海方向迅速流动。

离岸流的形成因素非常多，其强度和状态会因潮汐、风力、风向等因素改变，具有不可预见性，不知道什么时候会遇到它，也不易觉察，所以具有巨大的危险性，是需要警惕的。离岸流不

图2-4　离岸流

但会迅速将人卷向外海，而且会因高速产生的负压将附近的人"吸入"流中。

为了避免在离岸流中遇到危险，我们应该在下水前先观察地形，如沙洲缺口部位易形成离岸流；看海里是否有狭窄而浑浊的条状水流。如果不慎被卷入离岸流，请保持冷静，如果在体力和能力许可的情况下努力使自己保持沿着平行海岸线的方向游动，争取游出离岸流的狭窄区域，千万不要试图逆流向岸边游动，非常容易筋疲力尽发生危险。

二、有趣的海洋生物

大海中，有些生物的性别有时是可以互相转换的，为了整个种群的延续，性别转换可以成为有些生物生命周期的一部分，甚至有些生物具有雌雄同体的特性。

小丑鱼，是对雀鲷科海葵鱼亚科鱼类的俗称，生活在热带海水区域，多与海葵伴生。在前额与脸侧有白色斑块，像京剧中的丑角，所以有了小丑鱼的名称。

在海中雌雄同体的动物并不罕见，但是像小丑鱼一样雄性可以转变为雌性，但是雌性无法转变为雄性的并不多见。在一个海葵中，往往生活着一对小丑鱼，体型较大的是雌性，较小的为雄性。当雌性不见了时，海葵中最大的雄性会性转为雌鱼，并逐渐改变形体颜色等外部特征。

鹦嘴鱼，也叫鹦鹉鱼，鹦嘴鱼顾名思义，嘴巴像鹦鹉一样并且色彩绚丽，栖息于热带与亚热带的珊瑚礁中，以珊瑚及珊瑚礁上的海藻为食。

鹦嘴鱼会在睡觉时吐出黏液形成一个透明的泡泡，在夜潜中可以在珊瑚下或者礁沙混合区寻找睡觉的鹦嘴鱼。但是请不要用强光手电去照射打扰它的睡眠，也不要去触碰它的透明泡泡，这是它自我保护的防护罩，可以帮助它隔绝气味避免捕食者的追踪，并帮助它的皮肤自我修复，隔绝寄生虫。一旦泡泡被戳破，它就会受到惊吓，落荒而逃。

鹦嘴鱼在幼期具有两性器官，幼期雌性鹦嘴鱼较多、雄性较少，雌性颜色较为暗沉，可以帮助它隐藏自我，躲在珊瑚下不易被发觉。几年后便变得颜色艳丽，以鲜艳的青色和绿色为主，有着漂亮的斑点或条纹，变成雄性，发育出精巢，卵巢逐渐消失。

　　海蛞蝓（图2-5），也叫海兔，是海中雌雄同体的动物。海兔能产生叶绿素，这在动物界非常罕见。海兔喜欢在清澈的海水中生活，以海藻为食。海兔吃什么颜色的海藻，自身就会变成什么颜色，依靠这种隐藏能力进行自我保护，为自己避免了不少麻烦和危险。

图2-5　海兔

第三单元

潜水物理

在开放水域潜水员的课程中，我们简单介绍了一些物理学的知识和定律，在潜水长课程中，我们来深化了解一下这方面的知识。

本单元的学习内容：

一、热量在水里的损耗

二、水的物理性质

三、水的浮力——阿基米德原理

四、水中的压力

五、气体分压

六、水面耗气量的计算

一、热量在水里的损耗

　　热量的传播在水中要比在空气中快得多，我们未来的潜水行程可能是在温暖地带，可能是在寒冷地带，也有可能会是非常有趣的冰潜，根据不同环境我们应该做不同的潜水准备。低于人体核心温度37 ℃的水温都会让人感觉寒冷，并且由于体温与水迅速发生热交换，所以水中热量损耗的速度比在空气中大得多，人体在水中热量散失的速度是在空气中的25倍。这也是为什么在空气中让人感觉清爽舒适的温度在水里却让人忍不住打寒战。

　　当水温低于体温时，水流会快速带走身体的温度，当感到寒冷时身体会自动启动防御机制，血液循环变慢，并集中在人体的核心部位如躯干和脑的部分。而时间一长，会出现失温的症状，建议在水中穿着防寒服减少体温流失（图3-1），低体温是减压病的一个诱发因素。

图3-1　在水中穿着防寒服减少体温流失

二、水的物理性质

1．水的密度

　　水的密度是1.0×10^3千克/米^3，而空气的密度只有1.29千克/米^3，可见水的密度是空气的772倍左右。声音的传播在水中的速度是在空气中的4倍，难以辨别方向，所以在水中潜水员听到的声音都好像是来自上方。

小贴士

由于水下声音传播的特性，在潜水时的交流变得没有那么容易。在水下交流主要靠手势和写字板，这大大降低了水下交流的效率。如果在水下有交流的需求，可以选择水下通信器材（图3-2），这些器材配合全面罩（图3-3）使用，可以将潜水员声音转化成电子信号，另一个佩戴接收装备的潜水员便可以听见。

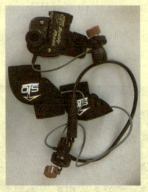

图3-2　水下通信器材

图3-3　全面罩

海水密度会因为周围环境、海域而有变化；即使在同一海域，密度也不尽相同。

冷水密度比较高，会在比较下层的位置，水面受到阳光的照射，在没有潮汐和流的平静水域，水面的温度会比水底高出不少。在潜水过程中，有一个深度温度会突然下降，甚至在下潜过程中有可能下半身还在暖融融的水中，上半身已接触到了冷水。

斜温层（图3-4）：经过夏天，密度较小的温水浮在密度较大、较冷的水上，由一斜温层分

图3-4　斜温层

开，水越深，密度越大。由于白天温水暴露在太阳下，有一稳定系统，在平静水域温水和冷水很少混合。

2．光的折射

水的密度大于空气，所以光线会在入水时发生折射，而在水中的传播也会不同于陆地，在水中看到的物体要比实际上大，也会比实际上近。正常的人眼适应的是光从空气到晶状体及玻璃体的折射，所以在水中我们需要用面镜将水和眼睛隔绝，形成一个有空气的空间，让我们能够清晰地看到水下世界。

但是在水中光线折射影响到我们大脑对于物体的判断，在水底看到的鱼比实际更大而且更近（图3-5）。

潜水中经常遇到的一个问题就是"水下能见度如何"，这个能见度的影响因素除了天气便是水中悬浮颗粒。阴天时的能见度是不如晴天的，而刚下过暴雨的海水也没有连日风平浪静的水能见度高。

图3-5　潜水员在水底见到的鱼

有些海域则因为是入海口或者海水中有机物、无机物含量高，看起来比较浑浊，光线在水中的穿透力远不如清澈的海水，这些悬浮颗粒造成严重漫反射，影响目视的距离。

3．光线的吸收

水下照片和陆上的不同，明明绚丽多姿的珊瑚，在照片中却呈现出绿绿的颜色，并且越到深处，肉眼可见的颜色越少，这是因为水会吸收不同波段的光，所以在不同深度，就会有一种波段的光被吸收而消失，眼睛看到的颜色会变少。

在水下最先被吸收的光是红色，在5米左右的地方，便无法看到红色，所以在深海就只能看到蓝色和紫色。拍照时可以使用闪光灯、手电或视频灯对被拍摄目标进行照射，还原目标色彩。如果是在较浅水域，可以尝试用红色滤镜来补偿红色的吸收。

　　水中的微粒不但影响能见度，同时影响光线的吸收。微粒少、能见度高的干净水域可以让蓝色波段的光穿透，所以干净水域的海水看起来都是蓝色的（图3-6）。而微粒较多的水中穿透的会是黄绿颜色波段的光。这也是为什么有的海域颜色是蓝色而有的海域颜色是黄绿色。

图3-6　蓝色波段的光在水中被吸收呈现蓝色

三、水的浮力——阿基米德原理

　　阿基米德原理：物体受到的浮力等于它排开液体的质量。所以液体密度越大，物体受到的浮力越大。

　　就物体而言，体积大质量轻的物体在水中排开水的质量比它本身质量大，则物体就会浮起；而体积小质量大的物体在水中排开水的质量比它自身质量小，物体就会下沉。所以浸没在水中的物体有三种状态：正浮力、中性浮力和负浮力。这也是潜水中我们会有的三种状态。

　　正浮力（Positive Buoyancy）：物体质量小于排开液体质量，物体会上浮。

这个状态是我们下潜前的状态和结束潜水以后在水面等待船只的状态。

中性浮力（Neutral Buoyancy）：物体质量等于排开液体质量，物体会悬浮在水中保持平衡。这个应该是我们在潜水过程中全程都保持的状态（图3-7）。

负浮力（Negative Buoyancy）：物体质量大于排开液体质量，物体会下沉。这个状态是我们在潜水中要尽量避免的一种状态。

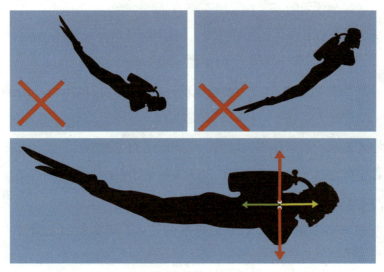

图3-7　中性浮力

四、水中的压力

1．压力的变化

我们生活在陆地的时候，受到的压力是大气压，因为空气压力在所有方向上都是一样的，所以除了坐飞机等压力急剧变化的少数情况，平时在陆地我们感受不到压力的存在。而当我们在水中时，就能感觉到这种压力，如鼓膜会有受到压力的感觉，如果深度快速增加，鼓膜甚至会疼痛。

2．波义耳定律

我们上学时候曾经学过气体压力、密度和体积之间的关系，当我们带着一颗充满的气球下潜，当到达10米时周围压力为水面的两倍、气球内的气体密度也变成两倍、气球体积变成原本的一半；从水下上升也是一样的道理，当我们在水下10米把一个气球充满气，当上升到水面时压力减半、密度减半、气体体积变成原来的两倍。这就是著名的波义耳定律。

波义耳定律公式：

$$P1 \times V1 = P2 \times V2$$

式中，$P1$为初始压力；$V1$为初始体积；$P2$为变化后的压力；$V2$为变化后的体积。

这个等式表示，随着体积的增加，气体压力相应减小。

波义耳定律在潜水中的应用很广泛，人体组织中的空腔受到波义耳定律的影响，在下潜和上升过程中给人体带来明显的感觉。

波义耳定律还会影响我们在海底呼吸的气体。虽然铝制或钢制的气瓶在海底不会被影响，但是气瓶内的空气在潜水员呼吸时会受到波义耳定律影响。在深处吸一口气，空气的密度要比在水面大，所以我们在水底要保持平稳呼吸不能屏气，避免因上升空气体积膨胀引发的扩张伤害或减压病。同样道理，在水底的耗气也会比在海面时更大。

> **小贴士**
>
> 波义耳定律是潜水中最重要定律之一，在特定深度的耗气量或者气瓶内剩余气体的体积都是依靠波义耳定律计算出来的。

3．查理定律

查理是法国物理学家，他的主要成就是发现气体的压强随着温度变化的规律，即查理定律。

查理定律：压力一定的时候，气体体积的改变和温度的改变成正比；而对于一定质量的气体，当体积不变的时候，温度每改变1℃，压力的改变是一个常数。

五、气体分压

1．气体构成

在水下，我们呼吸的压缩空气成分与空气完全相同，是普通空气经过干燥、压缩处理后填充到气瓶中供我们呼吸。

空气是由大约21%的氧气和大约78%的氮气组成，还有不到1%的二氧化碳和其他稀有气体。在潜水中，为了计算方便，我们默认气瓶中的气体就是21%的氧气和79%的氮气。

如果是高氧气瓶，就需要对气瓶中的氧气含量进行测试，休闲潜水中常用的高氧气瓶一般是EAN32到EAN40。EAN32意思是气瓶中氧气含量大约是32%，氮气含量是68%；EAN40意思是气瓶中氧气含量大约是40%，氮气含量是60%。

图3-8　高氧气瓶

2．道尔顿定律

道尔顿分压定律（也称道尔顿定律）描述的是理想气体的特性。这一经验定律是在1801年由约翰·道尔顿观察得到的。在任何容器内的气体混合物中，如果各组分之间不发生化学反应，则每一种气体都均匀地分布在容器内，每种成分的气体在混合气体中所占的百分比是不变的。

也就是说，一定量的气体在一定容积的容器中的压强仅与温度有关。

3. 道尔顿定律在潜水中的应用

道尔顿定律可以用来计算混合气体的最大深度，还有气体在身体组织内的扩散和溶解都与气体的分压有关，即气体对人体的影响与气体分压有关。

在混合气体中，相同温度下每种气体成分在原始气体中都有一个气体分压值，表示这个成分在气体总体积中的含量。根据亨利定律，混合气体的总压力是各种成分气体分压的总和，气体的分压与该气体溶在溶液内的浓度成正比。

由此可以得知，我们所用气瓶中的气体分压是该气体浓度与压力的乘积。

亨利定律公式

$$P_g = Hx$$

比如我们在10米深度呼吸的普通气瓶中，氮气分压为1.58 bar。

对于可溶于水的气体，在与液体接触的气体的分压和液体内部溶解的气体之间的压力差，就是压力梯度。压力梯度越高，则液体吸收气体的速度越快；随着液体吸收气体后与所接触气体之间压力差变小，压力梯度下降，气体溶于液体的速度变慢。当液体和接触气体之间压力梯度为0时，我们称液体达到该气体的饱和状态。

六、水面耗气量的计算

在练习开始时第一次记录残压表的读数，然后在5米深度匀速游动5分钟，升到水面再次记录结束时残压表的读数。使用SAC计算公式来计算SAC速率。

$$SAC = AC \cdot V / (t \cdot P)$$

式中，AC=气体消耗bar数，V=气瓶体积，t=时间，P=深度下的绝对压力。

一般会多测量几次，然后取平均值。有了这个速率的数据，便可以计算一瓶气体在固定深度的使用时长。

第四单元

潜水生理

一些潜水疾病并不常见，但是潜水长需要了解这些疾病以期预防。

本单元的学习内容：

一、人体的空腔

1．易发生挤压伤害的器官

根据波义耳定律，气体会对可因气压变形的人体器官产生影响，当压力急剧增加时，我们身体中的空腔可能会出现挤压伤害。

人体的空腔有很多，肺部、耳朵、鼻窦、龋齿以及面镜与脸之间的空间，都是空腔。空腔内部一般都存有气体，这些气体会根据外部压强的变化而改变体积。

例如，耳朵能很容易感受压力的变化（图4-1），下潜或上升的过快都会造成耳膜和鼻腔的疼痛，所以在疼痛之前就要及时进行耳压平衡。

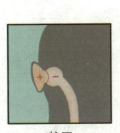
挤压

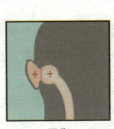
平衡

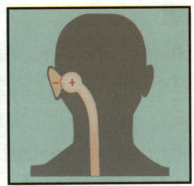
反向阻塞

图4-1　耳道受压力

> **小贴士**
>
> 距离水面0到10米是压力变化最大的（想象你耳腔内体积变为1/2，鼓膜受到的压力突然增加一倍），所以在下潜初期我们需要频繁地做平衡耳压的动作。

还有一处容易受到压力影响的人体器官便是鼻窦（图4-2）。鼻窦又称鼻旁窦、副鼻窦，是鼻腔周围多个含气的骨质腔。分别为上颌窦、额窦、筛窦和蝶窦，均以小的开口与鼻腔相通。鼻窦主要作用是湿润和温暖吸入的空气，并且对人的脸部造型、支撑头颅内部、发声共鸣、减轻头颅质量等方面都起重要作用。鼻窦里的黏膜都与鼻黏膜相连并且布满毛细血管，如果鼻窦内外的气压差突然变化过大，会使鼻腔鼻窦内黏膜血管扩张破裂出血，发生气压性损伤。

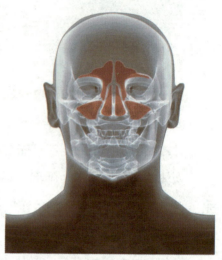

图4-2　鼻窦

小贴士

请不要在感冒时候潜水，这时耳压非常难平衡。而且感冒药可能会使你昏昏欲睡，反应迟钝，这个时候，请好好休息，感冒恢复以后再来进行潜水吧。

第三个容易受到压力影响的便是肺部（图4-3）。人体的肺部是由几亿个肺泡组成，排列在肺支气管末端膨大成囊，囊的四周有很多突出的小囊泡，即为肺泡。肺部容量相对比较小，而肺泡的表面积却很大，很薄的肺泡壁在压力突然产生较大变化时便很容易受到损伤。

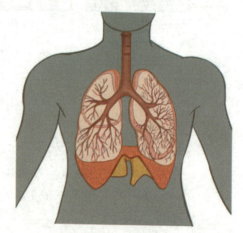

图4-3　肺部

2．装备形成的空腔

除了人体的空腔，水压也会影响装备与身体而形成的空腔。

面镜与身体接触形成的空腔，同样有平衡的需要。选择一款合适的面镜，在下潜过程中用鼻子轻轻往面镜中吹少量的气体来达到平衡。

防寒衣也要选择合适的尺码，过小的防寒衣会对呼吸造成困难，过大的防寒衣则会因水压仅仅贴在身上，不规则的褶皱会在皮肤上造成挤压痕迹。

3．压力平衡的方法

（1）瓦尔萨尔瓦/阀式平衡法（Valsalva）：捏住鼻子，用擤鼻涕动作轻轻往耳道里鼓气。这是初学潜水时学习的第一个方法，这个方法简单易学且很有效，注意不要过于用力地鼓气。

（2）汤因比法（Tovnbee）：捏住鼻子做吞咽动作，感受耳咽管被肌肉的牵动。在升水时候做这个简单的动作可以有效平衡耳压。

记住，很重要的一点就是要慢，无论下潜还是上升，请尽量地慢。如果感觉到压力给你造成疼痛，请回到原位置，重新做平衡并缓缓下潜/上升。

4．扩张伤害

扩张伤害容易发生在上升过程中。根据波义耳定律，当上升过程中压力变小，气体体积便会迅速扩张。

体积迅速扩张的气体会造成以下伤害。

（1）过度扩张伤害（Overextended Injure）：这个是在憋气上升中最常见的伤害。呼吸气体在上升过程中体积增大，超过肺部能够伸展的范围，就会出现过度扩张伤害。

所以第一条安全准则就是在潜水过程中绝不能憋气。这对于潜水员来说极其重要，尤其在上升时，憋气会对肺部造成过度扩张伤害。

（2）动脉气体栓塞（Arterial Gas Embolism，AGE），是由循环系统中的一个或多个空气气泡或其他气体引起的血管阻塞，这是潜水中最严重的伤害之一（图4-4）。

　　肺部扩张伤害可能会造成动脉气体栓塞。由于肺气压伤，气体会从肺泡毛细血管中逸出，通过动脉循环到身体的其他部分，在上升过程中小气泡随着压力减小会体积变大，最终形成栓塞阻碍循环。如果气体在大脑中形成栓塞，会造成严重后果，大脑如果供氧不足，短短几分钟便会造成不可挽回的伤害。

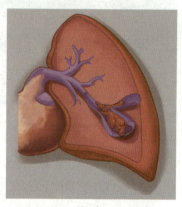

图4-4　动脉气体栓塞

　　动脉气体栓塞最明显的症状是失去意识或者突然疑似中风，通常发生于潜水员到达水面之前或者到达水面之后的六分钟之内。

　　（3）气胸（Pneumothorax）：气胸的严重性仅次于动脉气体栓塞，是空气从肺泡逸出，在肺隔膜和胸腔之间流动，进而导致肺部塌陷，使心脏受压，进而影响血液循环（图4-5）。

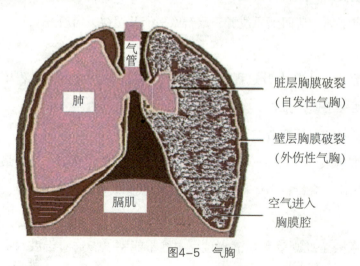

图4-5　气胸

　　气胸症状通常包括突然单侧胸痛和呼吸急促。

　　（4）皮下气肿（Subcutaneous Emphysema）通常发生在胸部、颈部和面部，是小气泡沿着筋膜从胸腔移动或者沿着气管向上移动进入颈部周围。

皮下气肿触摸时有特征性"噼啪"声的感觉，皮下肿胀按压时便可感觉到，可能会伴随着呼吸困难。

（5）纵膈气肿（Pneumomediastinum）是空气从肺部逸出进入心脏纵膈膜，使心脏周围血管受压。

纵膈气肿发生时患者会感觉到胸痛、呼吸困难，由于心脏周围的血管受到挤压，嘴唇和指甲会由于循环困难而发青。

> **小贴士**
>
> 要注意控制上升速率，不超过9米/分钟。在紧急情况下上升速度也尽量不要超过18米/分钟。

我们应该通过控制上升速度来预防过度扩张伤害，感冒时尽量不要潜水，阻塞的呼吸道也可能会导致气体栓塞。如果肺部曾经有过肺炎、肺结核等病状或者肺部有疤痕组织，请在健康声明中如实反映，并咨询医生是否可以进行潜水活动。

如果自己或者潜伴出现失去意识或昏迷、突然头痛、眩晕、视觉和听觉出现问题、失去对身体的控制、呼吸困难或嘴唇和指甲发青、发紫等症状，请立即告诉教练或潜水长，并协助有资格人士急救，联系当地的医疗机构。有急救和供氧资格的人士可以提供紧急供氧，并在必要时进行心肺复苏，尽快将患者送到周围的医疗机构就诊。

二、快组织与慢组织

并不是所有人体组织吸收氮气的速度都是一样的，不同组织有着不同的吸收和排放速度，这和血流灌注有着极大关系。血流灌注是指单位时间内流入器官内的血液量，高灌注的组织通常是接收大量血液的组织，这种组织氮气会迅速溶解和释放，这些组织理论上被称为"快组织"。相反，低灌注的"慢组织"则氮气溶解和释放速度较慢。

氮气不参与人体新陈代谢，仅仅是被人体组织吸收。当在高压环境中，人体吸收的氮气比在陆地上多，并且随着时间的进行，吸收溶解在组织中的氮气会越来越多。而快要结束潜水深度逐渐变浅时，氮气又会逐渐逸出，随着呼吸排出体外。

如果潜水员上升速度过快，氮气在体液中逸出速度过快，就会在组织和血液中形成很多小气泡，我们叫它减压病（DCS）。减压病，也称潜水夫病或沉箱病，最常见的是水下上升期间或者乘坐飞机期间外部压力骤然减低引起的，它与动脉气体栓塞合称为减压疾病。

> **小贴士**
>
> 人体吸收和释放氮气的过程目前还没有完全被解释，脂肪会吸收更多的氮气，而孕妇体内的胎儿对氮气的吸收和释放还没有明确的结论，所以孕妇是不可以潜水的。

三、减压病

1. 减压病症状

减压病对潜水员来说是严重的病症，由于气泡可能发生在身体的任何部位，并且可以发生转移，所以减压病会产生很多症状，见表4-1。

表4-1　减压病的征兆及症状

类型	气泡位置	征兆及症状（临床表现）
肌肉骨骼	基本在大关节处（手肘，肩膀，手腕，膝盖，脚踝等）	·局部剧痛，从轻微到难以忍受。有时会有阵痛，但很少有尖锐的疼痛 ·关节主动活动或被动活动都会加剧疼痛 ·如果弯曲关节，找到一个比较舒服的姿势，可能会减轻疼痛 ·如果是由海拔引起的症状，疼痛可能会立即发生，也可能会数小时后发生

（续表）

类型	气泡位置	征兆及症状（临床表现）
皮肤型	皮肤	·瘙痒，通常发生在耳朵，面部，颈部，手臂和上躯干 ·小虫子爬过皮肤的感觉 ·皮下花纹状纹路（状似大理石），通常发生在肩膀、上胸部和腹部周围，并且伴有瘙痒的感觉 ·皮肤浮肿，伴有轻微疤痕状皮肤凹陷（指压性水肿）
神经系统	脑部	·感官转变，产生知觉扭曲与幻觉，刺痛或麻木，感觉过敏 ·混乱或记忆丧失 ·视觉异常 ·不明原因的情绪或行为改变 ·癫痫发作，失去意识
	脊髓	·腿部无力抬起或瘫痪 ·大小便失禁
耳部	内耳	·失去平衡 ·眩晕，头晕，恶心，呕吐 ·丧失听力
肺部	肺部	·干咳 ·胸腔下部灼痛，呼吸时加重 ·呼吸急促

　　虽然在身体任何部位都可能形成气泡，但减压病最常见于肩部、肘部、膝盖和脚踝等关节处，占减压病病例的60%～70%，肩部是其中最常见的。神经系统症状占到10%～15%，其中头痛和视觉障碍是比较常见的。皮肤病症大约占10%～15%。肺部减压病（窒息等症状）在休闲潜水中非常罕见。

　　从一百多年以前人们注意到长期从事水下工作的人发生的"沉箱病"这种折磨人的病痛，进而开始研究"沉箱病/弯曲症"，也就是现在我们所说的减压病。目前大家公认现代减压理论奠基人哈登（John Scott Haldane）和伯特（Paul Bert）的研究成果至今仍对潜水生理学的研究起到重要作用，哈登于1907年发表了第一份潜水计划表。

　　但是减压病的形成较为复杂，一直处于被持续研究的阶段，时至今日相关理论仍然在不断发展完善中。

减压生理学的研究范畴包括人体如何吸收和释放溶解于血液和组织内的气体，以及这些气体可能造成的后果、预防及应对措施。根据潜水计划表发展出来的减压模式是目前预防减压病的唯一办法，下面我们就来了解下减压病的形成及减压模式。

2．形成原因

气体分压下，体内的氧气和氮气都处于饱和状态，根据亨利定律，人体吸收的氮气量与气体分压成正比，在深度为10米的地方，肺泡中氮气分压为1.58 bar。这比起水面的0.79 bar多了一倍，这便形成一个压力梯度，会使氮气扩散到肺组织，被吸收到血液中运送至全身。压力梯度越大，氮气溶于血液的速度就会越快。

而一旦潜水员开始上升，这些饱和的气体（氧气和氮气）便开始逐渐释放，氮气和少量惰性气体会形成微气泡，随着周围压力的减小，微气泡会逐渐变大并与周围的微气泡结合，直到破裂后进入静脉系统，随着血液循环回心脏。进入肺泡中的气体多是无害的，但是当累积速度远快于扩散速度时，便会形成肺部减压病。

有些气泡会发生在人体其他部位，例如关节周围的气泡会导致关节疼痛，有些皮肤微血管扩散出来的气泡形成皮肤红

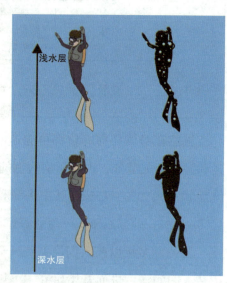

图4-6　上升形成气泡

疹，等等。通常来说，如果气泡非常小而且少量，是对我们人体没有什么影响的，只有当气泡大量存在的时候，才会导致减压病的形成（图4-6）。

一般气泡容易出现在低灌注组织或循环系统的动脉侧。根据症状可以将减压病分为两种，第一型减压病症状较轻，通常只是疼痛而不会造成严重后果，如表

4-1中的皮肤型和关节型；第二型减压病则比较严重，可能危及性命，如神经系统减压病、肺部减压病、脑部减压病。

目前对于减压病的理论研究一直在发展中，个体的易感性每天都在变化，相同条件下不同个体可能受到不同影响或根本不受影响。但是潜水引起的减压病风险是可以通过正确的减压程序进行管理的，休闲潜水罹患减压病的现象比较少见。

3．减压病预防

休闲潜水中并不是那么容易罹患减压病，但是我们也应该做好防范措施。首先，做好潜水计划，并且严格执行潜水计划，不要超出自己的训练水平进行潜水。

当潜水过程中潜水电脑发出警示音时，一定要引起重视，不要因为看到了罕见的生物而兴奋激动地忽略警告，安全是第一位的。

在潜水行程中注意休息，尽量避免饮酒，潜水前不要做剧烈运动，在潜水结束后不要马上冲热水澡。要随时注意自己的身体状况，如果感觉身体不适或过于疲惫，最好取消此次潜水。

4．减压病应对

如不幸罹患减压病，一般出现症状为出水后12小时内，如出现减压病症状，请及时接受治疗。如有疑似减压病的情况，请在到达船上或岸上时由持有紧急供氧员执照的人对其进行100%纯氧呼吸治疗并及时送到医疗机构接受治疗。如有必要，请尽早采取高压氧舱治疗（图4-7）。

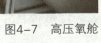
图4-7　高压氧舱

安全提示

禁飞时间：潜水后，必须等待一段时间让体内的氮气排出才能乘坐飞机或到高海拔地区，不然气压变小会加速气泡的产生。通常多次潜水后要至少等待18小时才可以乘坐飞机，如果时间允许，最好等待24小时以上。

四、氮醉

氮醉是由于潜水时氮气的麻醉而引起的暂时性感官麻木和动作迟钝。这种状态类似于醉酒，通常在深度大于30米时容易发生，存在个体差异，并且个体的易感性也每天都在变化（图4-8）。

浅水层

深水层

图4-8 氮醉

发生氮醉的潜水员有时会做出一些常人无法理解的举动，如吐出二级头或毫无缘由地开始兴奋，所以有人形容氮醉为"深海狂欢"。

氮气分压产生麻醉效果容易发生在30米左右的深度，随着深度的增加，氮醉可能会变得危险，因为无法清醒对环境做出判断，在水下会是一件非常麻烦的事情。但是氮醉又是非常容易解决的一件事情，只需要潜水员意识到自己或潜伴出现了氮醉的症状，开始上升到较浅深度便可以恢复正常。在休闲潜水中，氮醉通常不会发展成严重问题。

氮醉通常的症状会是判断力下降，无法同时进行多项任务或者出现不协调状态，失去决策能力，无法注意力集中。有时还会出现眩晕、视觉或听觉障碍，有的潜水员还会突然无征兆地狂喜，或者极度焦虑、抑郁或者偏执。

如潜伴突然出现以下症状，要确定是否氮醉：莫名地兴奋、亢奋，思考能力减弱，举止缓慢，反应迟钝，很难集中注意力，协调能力下降，不正常的行为。

　　在开放水域潜水员阶段，请不要超过18米的最大深度限制。如果发现你的潜伴疑似氮醉，向他打手势问他是否有问题，如果他没有办法及时回复你，将他带到较浅的深度，氮醉便会恢复了。

五、高碳酸血症（二氧化碳积聚）

　　二氧化碳积聚也是比较严重的潜水疾病之一，是呼吸和循环系统中含有过量二氧化碳所致。

　　二氧化碳是人体内新陈代谢的产物，随着呼吸排出体外，二氧化碳含量上升会刺激呼吸中枢神经增加呼吸频率来摄取氧气。而在进行休闲潜水时，二氧化碳积聚最常见的原因是过度费力、呼吸无效腔以及潜水时憋气。如果过度费力，身体产生二氧化碳的速度比呼吸系统排出二氧化碳的速度快，上升的二氧化碳含量刺激呼吸中枢加速呼吸，而水底密度比在陆地上大，所以呼吸会比在陆地费力，加速的新陈代谢又会产生更多的二氧化碳，刺激呼吸频率更快，形成恶性循环。

　　如果你在潜水中突然感觉头痛、呼吸急促、痛苦和焦虑、大脑混乱、呼吸困难等高碳酸血症（图4-9），甚至严重时会昏迷，则停下来，放慢速度呼吸，寻求潜伴的帮助，慢慢恢复。如果潜伴失去意识，二级头掉出口中，请帮助他将二级头放回口中，中止此次潜水回到海面。

　　引起二氧化碳积聚的另一个因素便是憋气，每次呼吸前会暂停一下，

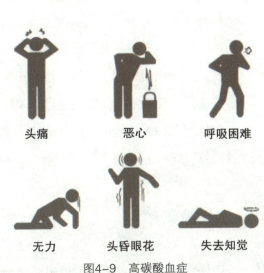

头痛　　　　恶心　　　　呼吸困难

无力　　　头昏眼花　　　失去知觉

图4-9　高碳酸血症

可能是有意识要控制浮力或者无意识的习惯。要有意识地训练自己避免这种情况。

六、低碳酸血症

与高碳酸血症正好相反，低碳酸血症是二氧化碳不足的情况。

人体的反射呼吸中枢是根据二氧化碳的浓度刺激来工作的，过度换气会使呼吸和循环系统中二氧化碳量降低，而在潜水过程中，人体需要消耗掉可用的氧气，才能恢复到正常的二氧化碳浓度水平。

当发生换气过度的情况时，可能会头昏眼花，甚至毫无预警地出现浅水黑视症（Shallow-Water Blackout）。

七、一氧化碳中毒

一氧化碳中毒通常发生于呼吸气源被污染的情况下。压缩机在出现故障时会产生一氧化碳，在水下高压环境中会加速一氧化碳的不良反应。

最初症状有头痛、恶心、疲劳等。之后会心率加快、血压降低、心律失常，进而出现幻觉、头晕、意识模糊、癫痫等中枢神经系统症状。

避免一氧化碳中毒的方法是选择正规潜店的气源，并且在使用前先轻轻打开一点气瓶阀使气瓶中气体缓缓流出，闻闻气瓶中气体是否有不正常的臭味。

如果遇到一氧化碳中毒的不适感，要马上有控制地上升到水面，呼吸新鲜空气即可减缓症状。

八、呼吸无效腔

在休闲潜水中，最有效的呼吸是深长且缓慢的呼吸，这样有利于有效的气体交换，同时在水中呼吸的气体密度要比在陆地上大，所以呼吸起来会比在陆地上耗力。

呼吸时，身体会吸收所需要的氧气而释放出二氧化碳，但是并不是所有的空气通道都参与这项工作，这项工作只会在肺部进行，而呼吸道里的气体是不能与血液进行气体交换的。因此，从气体交换的角度来看，从鼻腔到终末细支气管这段呼吸道都是无效腔，也叫呼吸无效腔。从生理学角度来看，可以把那些不能与血液进行气体交换的空间都作为呼吸无效腔。急促的浅呼吸吸进的气体中来自呼吸无效腔的二氧化碳会较多，会让每次呼吸时无法有效交换空气，需要耗费更多的力气来满足身体对氧气的需求，所以耗气量会比较大，也更容易感到疲惫。

潜水装备会增加呼吸无效腔，如含在嘴里的二级头，就是一个呼吸无效腔（图4-10）。

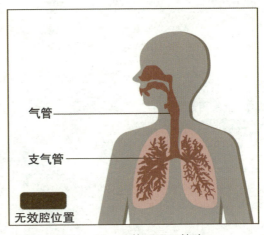

气管

支气管

无效腔位置

图4-10 人体呼吸无效腔

第五单元
潜水装具

对于自携式潜水员来说，装具的重要性是无可比拟的，它是在水下维持我们呼吸的生命支持系统。作为一名潜水长，要非常了解各种潜水装具以及作用，以便向潜水员普及这些知识。

本单元的学习内容：

一、浮潜装具

二、浮力系统

三、生命维持系统

四、配件系统

一、浮潜装具

浮潜是可以不深入海里便能欣赏浅海美景的潜水方式，也是我们最容易接触大海的方式。

浮潜的装具包括面镜、呼吸管、防寒衣、脚蹼等。

1．面镜

光线的传播在水中与在空气中有着极大的不同，所以要想在水中清楚看到美丽风景，面镜是必不可少的，所以很多人把面镜作为自己学习潜水的第一样装具。

现在市面上面镜的种类有很多，一般来说常见的面镜有以下几种。

单片镜（图5-1）：大镜片有着更大的视野，边缘部分少于双片镜，衔接处漏水概率减小。

图5-1　单片镜　　　　　图5-2　双片镜　　　　　图5-3　全面罩

双片镜（图5-2）：非常方便更换为近视镜，并且面镜容积略小于单片镜，镜片比单片镜小，更不容易破裂。

全面罩（图5-3）：为无法接受将脸部浸没在水中的浮潜人员设计，可以将脸部与水完全隔绝开，头向下欣赏美景同时自如呼吸。

面镜的材质非常重要，钢化玻璃的镜片能保护眼睛和面部在面镜受到外力突然破裂时不被碎掉的碎片伤害，柔软的硅胶裙边可以更贴合脸部，鼻子部位的设计对耳压平衡非常重要。

2. 呼吸管

呼吸管是海面呼吸的必备用具，有了它在海面就不必抬起头来换气，可以专心欣赏水下的珊瑚鱼群。在休闲潜水活动中，海面呼吸都是通过呼吸管来完成的，这样可以节省气瓶中的气体。

常见的呼吸管有干式呼吸管和半干式呼吸管，如图5-4所示。

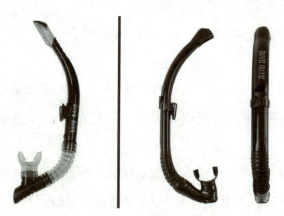

图5-4　干式呼吸管、半干式呼吸管

选择呼吸管，首先要注意的是咬嘴部位是不是大小、软硬适中，不适当的呼吸管咬久容易疲劳，甚至造成口腔受伤。

3. 脚蹼

一般来说潜水员的行进不是通过手臂来完成的，而是通过腿部的动作推动。这时一双适合你、推动力强的脚蹼是非常重要的。适合的脚蹼、正确的身体姿势和踢动姿势，能让你水下的旅程轻松又愉快。

脚蹼分为需要潜水靴的可调整式与不需要潜水靴的套脚式。

套脚式脚蹼：直接穿脱，码数较多，且价格较为低廉，经济实惠。鞋套部分用料柔软，可穿潜水袜。

可调整式脚蹼（图5-5）：需要穿潜水靴，非常适合岸潜时候走过砂砾地带，在水中也方便穿脱。

图5-5　可调整式脚蹼

脚蹼有各种设计、各种材质，可以满足不同的水况和需求。在沙滩边进行岸潜或者进行船潜时可以使用套脚式脚蹼，但是在满是礁石的海边进行岸潜时，需要潜水靴来保护脚，所以可调整式脚蹼是最佳选择。

不同区域适用不同的脚蹼，可以请教练根据当地潜水条件和需求帮你介绍一款合适的脚蹼。

4. 防寒衣

在水中，热量流失的速度大约是空气中的25倍，在水中停留较长时间时便需要穿着防寒衣来保证核心躯干部位的温度。即使在热带水域潜水，也需要皮肤衣来防止水中生物的伤害。

防寒衣一般分为干衣（图5-6）、湿衣（图5-7）和皮肤衣。

图5-6 潜水干衣

图5-7 潜水湿衣

湿衣有长款与短款、分体式，厚度常见有2毫米、3毫米、5毫米、7毫米。一般来说防寒衣可以在水中提供部分浮力，不同材质的防寒衣在水面及水下提供的浮力都不相同。

好的湿衣是由高质量的氯丁橡胶制成，紧密的分子结构中充满了小气泡，起到了良好的保温、保暖作用，并且受到水压的影响较小。质量良好的湿衣在水面上不会浮力过大，在水底也不会突然变成"额外的一块配重"。

此外，一款合适的头套（图5-8）也会大大减少体温流失的速度。

图5-8　头套

防寒衣对潜水员的重要性毋庸置疑，做好水下保暖工作可有效降低减压病和氮醉的发病率。

一般来说，在不同地区防寒服的选择因人而异，但是大体上会有以下建议：当水温高于25 ℃时，或者只从事浮潜活动，一件皮肤衣或者短款湿衣便已足够；当水温高于21 ℃时，长款3毫米的湿衣会是比较好的选择；当水温在16 ℃时，一般需要5毫米或7毫米的湿衣；当水温低于16 ℃时，最好选择一件合适的干衣。

潜水后，请将防寒衣用清水清洗干净后晾干，避免阳光直射，储存时最好采用悬挂的方式，不要让橡胶部分重叠，否则会破坏气泡部分并使防寒衣老化。

二、浮力系统

除了上一节列出的浮潜设备，潜水还包括自携式水下呼吸装具（Self-Contained Underwater Breathing Apparatus，SCUBA）

1. 浮力控制装置（BCD）

浮力控制装置（以下简称BCD）是在水中控制浮力的主要组件（图5-9），它可以控制下潜和上升，一旦到达水面，充满BCD便可以提供正浮力让你漂浮在水面上休息。

通过排出BCD中的气体，可以缓

图5-9　不同种类BCD

缓下潜到预定位置，然后通过向BCD中充适量空气，建立中性浮力，悬在水中。

BCD上都配有一根充排气的软管，连接在一级头的低压接口，这个是低压充气阀（充排气阀）。在BCD上部和下部都有防爆阀/快泄阀，所以不用担心充气过多BCD爆开的情况。学习如何充排气，练习如何熟练地使用低压充气阀和快卸阀非常重要，记住所有阀门位置，每次排出BCD中气体之前记得要先调整身体姿势，使空气集中在阀门附近。

BCD必须合身，太松会干扰人行动，太紧则会干扰呼吸，两者都会强烈影响潜水体验。

在潜水结束后，用清水清洗BCD外表；从排气阀处灌入一些清水到BCD囊中，再用嘴将BCD充满气，轻轻晃动BCD，使清水尽量流过并清洁BCD整个内部；然后将BCD倒置，排气阀放到最低位置，按住排气按键，让BCD中水流出，然后将BCD悬挂在阴凉处晾干。

如果有条件，每年保养或检视一次BCD，确保气囊上没有破洞，软管没有老化，低压充气阀运转良好，没有卡住。

2. 配重系统

穿上潜水衣和浮力装置后是有正浮力的，需要带上配重系统才能顺利下潜。配重是否合适也决定潜水行程是"负重前行"还是轻松舒适。

常见配重有以下两种。

（1）配重带。配重带（图5-10）是一条带有快卸扣的带子，将配重铅块均匀分布在带子上，快卸扣的方向是要保证用常用手（通常是右手）可以迅速拉开快卸扣。

图5-10　配重带

（2）整合式配重。整合式配重（图5-11）通常是整合在BCD上的两个袋子，使用时需注意是否扣好所有的快卸扣，避免意外滑落，也要在左右口袋放相同重量的配重以保持平衡。

图5-11　整合式配重

三、生命维持系统

1. 气瓶

气瓶用于在潜水活动中气体的供给，由瓶身、气瓶阀及瓶身标签构成。

气瓶中盛装的都是干燥的压缩空气（氧气大约21%，氮气大约79%，其他微量气体忽略不计），在进行高氧潜水时会用适氧的气瓶盛装压缩高氧气体（氧气含量超过21%的气体）。

潜水气瓶材质有铝瓶或钢瓶，也有很多尺寸，最常见的是12升气瓶。气瓶压力等级从150 bar到300 bar不等，通常我们日常潜水活动中使用的是200 bar左右的12升气瓶。

气瓶阀常用的有国际Yoke气瓶阀（图5-12）和DIN头气瓶阀（图5-13），对应不同接口的调节器，通常两种阀口可以通过内六角扳手拆卸来转换，或者使用专用的转换头。

图5-12　Yoke气瓶阀

图5-13　DIN头气瓶阀

气瓶标签是气瓶上的钢印，它可以说是气瓶的"身份证"，通过它我们可以了解气瓶的材质、生产日期、尺寸和工作压力等信息。

例如，常用铝制气瓶用到的标签如图5-14所示。

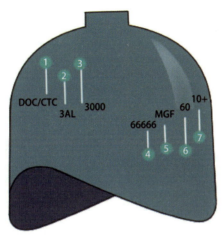

① DOT/CTC：DOT指美国运输部，CTC指加拿大运输委员。

② AL/AA：AL指铝合金气瓶，AA指钢制气瓶。

③ 气瓶额定压力。

④ 气瓶序列号。

⑤ 气瓶制造商缩写。

⑥ 测试日期和测试商标签。

⑦ 最大容量允许超10%。

图5-14　常用铝制气瓶标签

2．调节器

调节器是休闲潜水中最重要的装具部件之一，调节器有一级头和二级头，与气瓶直接连接的一级头会把气瓶中的高压空气降低到大约10 bar，通过管线传到二级头后由二级头将压力降为周围环境相同的压力，这样便能在水底自如地呼吸了。

除了主二级头，一级头上还连接着一个备用二级头，一般会用比较鲜艳的颜色来与一级头进行区分，可以在紧急情况下使用。平时这个二级头需要妥善收纳。

如我们之前学到，在水下深处时我们的身体和装具都受到来自水的压力，这会使气瓶内气体体积减小。质量良好的调节器可以在任何深度都提供顺畅的供气，让你感觉不到深度对呼吸的影响。有些调节器上也会有专门调节气量的阀门，手动调节气量大小。

调节器一级头分为两种：Yoke式（图5-15）的和DIN式（图5-16）。

图5-15　YOKE式

图5-16　DIN式

两种不同的接口可以通过专门的转换头来适应气瓶瓶口（图5-17）。

调节器在每日潜水结束时都要进行淡水冲洗，将一级头用防尘罩盖好，将调节器拿去冲洗；或者将一级头放在池边，二级头和管线浸泡在专业去盐分的溶液中，然后用清水冲洗干净，一级头在高处，二级头自然垂下挂起晾干。注意要避免阳光直射，并且冲洗调节器时不要按排气按钮，不要用力拉扯管线。

图5-17　转换头DIN转Yoke

3. 仪表组

仪表组（图5-18）是通过一根管线连接在一级头的高压接口。一般仪表组分为单表式、双联表、三联表。

（a）单表式

（b）双联表

（c）三联表

图5-18　仪表组

潜水压力表（SPG）也叫残压表，它的作用是监测气瓶内的剩余气体量，有英制或公制单位的，也有电子或数字指针的。潜水压力表是潜水中提供重要数据的仪器。

潜水压力表显示的是表压，表压是相对于绝对压力的一个概念。绝对压力也称环境压力，是指作用在物体上的总压力，如海平面受到的压力是1 bar，海平面的绝对压力就是1 bar。而表压是指压力表上的读数，在海平面上压力表的读数则为0，即表压为0。可以得出，表压为绝对压力减1。

四、配件系统

1. 深度计

在潜水过程中要随时了解自己所处的深度，这时除了潜水电脑表以外，深度计也能提供这个数据。在潜水电脑表不幸出现意外的时候，便可依靠仪表组上的深度计。

2. 指北针

当水下无法用自然导航的时候或者能见度较差时，可以使用指北针。指北针（图5-19）有侧面读数和上方读数两种，还有电子指北针。

图5-19　指北针

　　侧面读数的指北针可以戴在手腕上，也可以装在仪表组上，将表侧面平行于视平线，从上方或侧面小窗口读取方向。

　　上方读数的指北针可以戴在手腕上，也可以装在仪表组上，表面垂直于视平线，从上方读取方向。

小贴士

　　指北针是依靠磁场来作用的，所以当周围有影响磁场的金属、矿物或者沉船等时，指北针会出现失灵的情况。

3．潜水电脑表

　　潜水电脑表（图5-20）是帮我们监测水下深度、时长，水面休息时间以及上升、下潜速度的可靠电子仪器，也是潜水员必备的重要装具之一。

　　潜水电脑表在进入水中后会自动运行，开始记录深度、水温及入水时间，自动绘出潜水侧面图，计算在水底的免停留潜水剩余时长。并且可以在结束潜水后继续计算水面停留时间，来确定潜水员体内累计氮气值，确保每一潜都不超过极限。

　　市面上最常见的是腕带式潜水电脑表，有普通的电子显示式，有彩屏的，也有和一级头发射器结合使用的，有些可以调节为高氧模式，甚至自由潜模式。

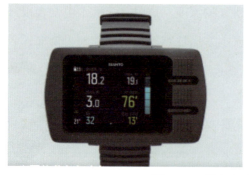

图5-20　潜水电脑表

4．手套

在冰冷的水中潜水时，手套（图5-21）可以保证手有足够的温暖且灵活，尤其是对于拍照的人来说，一副五指手套是必备的装具。但是有些潜点或者潜店出于环保考虑是不允许戴手套的，请在行程出发前问清楚当地的规定。即使戴着手套，也请不要触摸任何海洋生物和珊瑚，很多海洋生物和珊瑚表层会有一层分泌液体或薄膜保护它们，当你接触它们时候会破坏掉这层保护。

图5-21　手套

5．水面信标

水面信标包括水面浮标和线轮（图5-22），是潜水中必备的部件之一。

水面浮标有球形的、长条状或热气球状，根据不同场合使用不同形状。在水面警示来往船只以及在潜水绳上方的浮标一般是球形的，而一般潜水员随身携带的浮标是长条形的棒状，一般我们称为SMB。

一名休闲潜水员应该熟练掌握水面浮标的使用方法，如果遇到不得不自己上升水面的情况，水面浮标能起到警示作用，避免在升水过程中被船只碰撞，它显眼地飘在水面也有利于潜水船的发现。

图5-22　水面浮标和线轮

一般来说水面浮标有口吹式和下方开口式，下方开口式可以选择口吹或者用二级头来充气。无论选择哪种水面浮标，请一定在泳池中练习熟练，不然很容易在深海中被水面浮标缠绕或者不小心被水面浮标迅速带回水面。

6. 网袋

如果潜水行程是要中转潜点的，那么一个透水的网袋（图5-23）是必备的装具，它能在转移的途中收纳所有潮湿的装具，透气的网眼可以让水流出来减少重量，并且装具更容易晾干。

图5-23　网袋

7. 潜水灯

潜水灯（图5-24）也是潜水中必备部件之一，它在我们的潜水中应用广泛。休闲潜水中潜水灯一般是指潜水手电，在潜水物理学中，光会随着水深而被吸收，在深水处几乎只剩下绿色和紫色，而这时有一把潜水灯就能很好地帮我们还原水下色彩。在夜潜中会用到潜水手

图5-24　潜水灯

电进行水下照明，来体验与白天潜水不同的感受，有些生物只有夜潜才能见到。

8. 潜水刀

潜水刀（图5-25）是防止缠绕和割断鱼线的，在很多潜水区域都是必备部件，如渔业发达的地区和海底废弃物多的区域。潜水刀是每个潜水长必须携带的物品，但是潜水刀无法带上飞机和高铁。

图5-25　潜水刀

第六单元
潜水急救处理

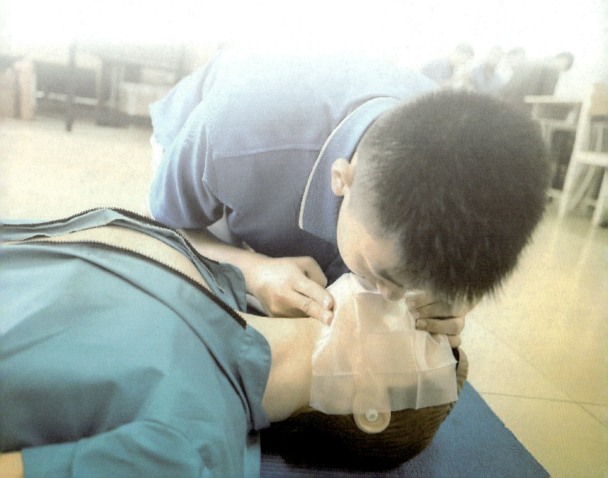

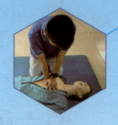

在救援潜水员课程中，我们学习了如何在水中救助潜水员以及如何将潜水员带至陆地进行急救。作为一名潜水长，你需要在潜水行程之前就开始准备急救的相关物品，并且做好应急预案。对于各种情况下的急救，都应该非常熟练。

本单元的学习内容:

一、急救

二、溺水

三、中暑

四、晕厥

五、休克

六、冻伤

七、事故处理

一、急救

1．心肺复苏（CPR）

心肺复苏不但可以应用在潜水救援中，在日常生活中它也是非常有用的。在生活中可应用于急性心肌梗死、脑卒中、严重创伤、电击伤、挤压伤、踩踏伤等多种原因引起的呼吸、心搏骤停的伤病员。

对于心跳呼吸骤停的伤病员，心肺复苏成功与否的关键是时间。4分钟后会造成被救者脑和其他器官组织的不可逆的损害。在心跳呼吸骤停4分钟之内开始正确心肺复苏，被施救者生存概率较大。所以，抢救生命的黄金时间是4分钟，现场及时开展有效的抢救非常重要，我们每个人都应该掌握心肺复苏技术。

（1）心肺复苏术步骤。评估环境安全：评估施救环境是否安全，是否适合进行心肺复苏活动。如周围有电源或坍塌等危险，则不适合直接施救，应快速脱离危险环境。在水中的被救者需先将其拖至岸上的坚硬地面进行施救，河边淤泥、沼泽等也不适合进行施救，同样需要先帮助被救者离开危险环境。

除了要注意被救者周围环境是否有危险，更要判断造成被救者现在状况的危险源是否已解除，与在水中施救同样，在施救前必须首先保证施救者自身的安全。

在与被救者进行接触前（尤其可能接触到被救者的血液、体液、呕吐物等），请先尽可能对你身体暴露的部分进行防护，用眼镜、墨镜对眼部进行保护，戴上可以找到的干净手套，如有条件，使用呼吸面罩。

判断被救者是否还有意识：轻拍被救者肩膀，同时对其进行呼唤（在此过程严禁移动、晃动被救者头部）。如果被救者对呼唤有反应，则判定为清醒，要继续观察；如果被救者没有反应则判定为昏迷，进行下一步骤。

在进行下一步骤之前，无论被救者是否清醒，你都需要自报身份如"您好，我是一名急救员，现在是否允许我为您实施心肺复苏？"如果被救者拒绝被施救，则不可实施心肺复苏（图6-1）。

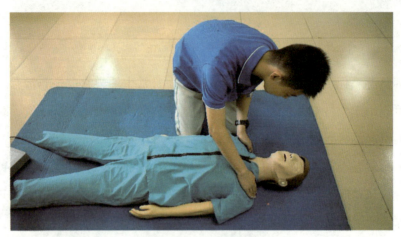

图6-1　自报身份

发求救信息（图6-2）：高声呼救，请附近的人帮忙打急救电话进行求救。明确指示周围某一个人"请马上拨打120请求救援！"（此处120为当地救援中心号码）。然后询问是否有人能协助你一同进行心肺复苏。

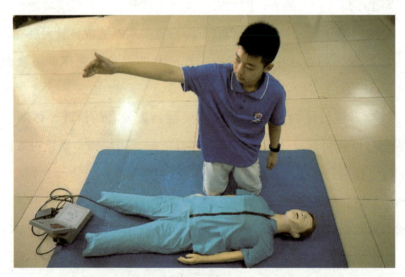

图6-2　请周围人帮忙拨打急救电话

判断心跳和呼吸（图6-3）：一手微微用力按被救者前额，另一手食指和中指顺着被救者喉结位置，向外移动颈部侧面气管和肌肉之间的沟中，按压看是否能感觉到颈动脉，同时判断呼吸。

判断呼吸的方法是"一看二听三感觉"，维持判断心跳的姿势，将耳部贴近被救者嘴部，侧脸看被救者胸部是否有起伏，听被救者是否有呼吸的声音，脸颊接近被救者口鼻感受是否有气流（脸颊是较敏感部位，较容易感觉到轻微的气流）。

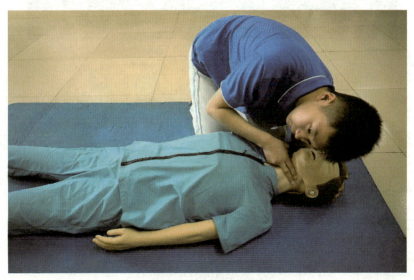

图6-3　判断呼吸与心跳

胸外心脏按压（图6-4）要首先确定位置，有两种方法：第一种是在上胸部，两乳头连线正中位置；第二种是沿肋骨边缘向上摸，找到两边肋骨连接的剑突位置，再向上两横指的宽度，用另一只手掌根部放在最后确定位置上方，开始按压。

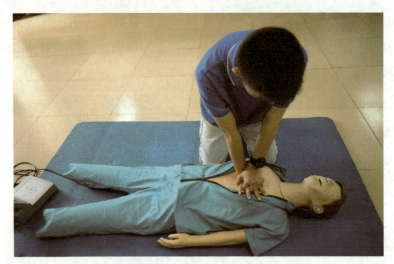

图6-4　胸外心脏按压

　　双手掌根重叠，手指互扣翘起，肩头与双臂垂直于地面，双臂不可弯曲。肩头应在被救者胸部正上方，腰挺直，用整个上半身的重量垂直下压被救者的胸廓。

　　对成人进行按压时频率不能少于100次每分钟，按压要匀速，手掌根始终贴着被救者胸部，不可以离开被救者的胸廓。为了保持按压频率不变，按压时口中应该匀速数数，数两位数的速度就是按压应有的频率，可以数01，02，03……注意胸廓下陷深度至少5厘米才算有效按压，也应控制力度避免按断被救者肋骨。

　　（2）人工呼吸。打开被救者口腔查看是否有异物，如有呕吐物或异物要先清除干净。

　　跪在被救者身侧，一只手的手掌侧边稍微用力按压被救者额头，使其头部后仰；另一只手的食指和中指在被救者下巴骨头处抬起被救者下巴，协助其头部后仰，打开气道，拇指轻轻放在被救者唇部下方，微微用力使被救者口部微张（图6-5）。

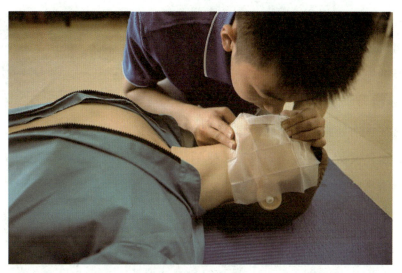

图6-5　打开气道一

如果遇到被救者颈部有外伤的情况下，不能移动被救者头部。此时不能采取之前办法。这种情况下应跪在被救者头顶位置，用双手扣住被救者下颌骨头稍微托起，使其下颌骨前移，打开气道（图6-6）。注意此种情况下不要太用力，不能造成被救者头部的晃动及后仰。

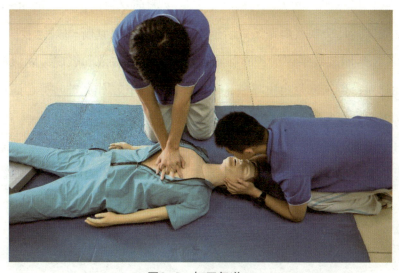

图6-6　打开气道二

如果有口袋型呼吸面罩（图6-7），尽量使用口袋型呼吸面罩实施人工呼吸，最大化保护施救者的安全。在实施人工呼吸时应该在打开气道后立即给予两次连续呼吸（与在水中施救时一样的操作），用手掌侧边压住被救者额头，同只手捏住他的鼻子封闭鼻腔空气流通（如果用口袋型

图6-7　口袋型呼吸面罩

呼吸面罩则不必，口袋面罩会罩住鼻子），进行人工呼吸时口部应罩住被救者全部嘴部避免有漏气的地方，然后吹气。吹气后松开鼻翼，同时微微偏头注视被救者胸廓，胸廓比吹气前有扩张才算是有效人工呼吸。等胸廓下降，再吹第二口气。成人人工呼吸频率为10～12次每分钟。

注意：每次吹气持续时间间隔要相同，吹气量大约为深呼吸一口气。

应该在船上的急救箱中常备一只口袋型呼吸面罩，救援潜水员也可以将它放在口袋里作为潜水常用装备，以便在意外发生时可以随时取用。

（3）心肺复苏与人工呼吸的配合。心肺复苏与人工呼吸应交替进行，成人胸廓按压30次后给予两次人工呼吸，这是一个循环。目前国际上通用5个循环为一个观察周期，每个观察周期结束后迅速进行复苏效果判断。

（4）观察周期效果评估：心肺复苏及人工呼吸有效的表现；能触摸到颈部有规律性脉搏；逐渐恢复自主呼吸；出现无意识挣扎动作、呻吟等；面色开始红润；瞳孔缩小，恢复对光照的反应。

要注意，心肺复苏只能在被救者心脏停止跳动的情况下才能实施。实施心肺复苏时应将被救者的衣扣及裤带解松，以免在按压过程中这些硬物伤害被救者。

二、溺水

溺水也称为淹溺，是人在水或其他液体中，水夹杂着污泥、水草等杂物经口、鼻进入呼吸道及肺泡或者反射性引起喉痉挛导致的窒息和缺氧，使机体处于濒死状态。

1. 溺水的判定及临床表现

溺水者出水后的表现为面、唇、四肢青紫，全身冰冷；眼睛充血并稍带突出，面部浮肿，口鼻处有泡沫、泥沙或杂草；意识丧失，脉搏心跳微弱或者完全停止，呼吸不整或停止，上腹部胀满等症状。

2. 溺水的处理方式

发生溺水时，首先应想办法脱离水环境。到了岸上后首先要使呼吸道畅通，立即清理口腔、鼻腔异物，如有假牙应同时去除，观察舌头状态，如堵塞呼吸道可将其拉出；判定是否有呼吸、心跳，是否有意识，是否有失温情况，头部及颈椎是否有外伤。

迅速倒水法：迅速倒水法是将患者俯卧，腹部垫高放在施救者的腿上，头部下垂，面部朝下，并以手压其背部。借助体位将患者体内的水从口中排除。或者双手从腰部托起溺水者使水流出。倒水动作的目的是倒出患者呼吸道和胃部积水，恢复正常呼吸。

当人在海水里出现溺水症状，此时高渗透性液体（海水）被吸入肺泡，容易导致血管内的血液或者液体大量进入肺泡，引起急性肺水肿和心脏衰竭。应立即送医救治，如有纯氧气瓶，由持有相应资质的人员对其进行纯氧供氧。

对失去心跳、呼吸骤停的被救者，应立即进行心肺复苏，在恢复或医疗人员到达接手前不可中断。有条件的情况下可对昏迷患者注射呼吸兴奋剂，必要时还可以静脉注射肾上腺素以恢复心跳。

> **小贴士**
>
> 对于恢复自主心跳和呼吸的被救者，在等待救援人员来的时间内应采取以下措施：
>
> 用急救毛毯或衣物为被救者进行保暖；
>
> 对于神志不清的被救者，将头偏向一侧保持呼吸道畅通，并持续观察。

三、中暑

中暑（图6-8）是人体较长时间处于烈日下或者高温环境中，特别是在空气温度高、湿度大、通风不良的环境中，长时间工作或强体力劳动，加上饮水不足，着装不当等，造成体内的热量不能及时散发出去，机体体温调节发生障碍而导致体温过高的急性病症。不同程度的中暑症状不同，治疗方法也不同。对于中暑，应当防大于治。

图6-8　中暑

1. 中暑的分类和临床表现

（1）先兆中暑。患者有头昏、耳鸣、胸闷、心悸、恶心、大汗、口渴、四肢无力及注意力不能集中等现象。体温正常略偏高，如及时离开高温环境，可以很快恢复。

（2）轻度中暑。有先兆中暑症状，同时伴有面色潮红、体温继续升高或者早期循环衰竭症状，如面色苍白、血压下降、脉搏细弱、皮肤湿冷等。

（3）重度中暑。除有上述症状外，还有昏厥、痉挛、高热、体温40 ℃以上等症状。

2．中暑的急救方法

（1）中暑应以预防为主，一旦发现先兆中暑或轻度中暑，患者应立即撤离高温作业的环境，到阴凉、通风、安静地方休息，如走廊、树荫下等。病人取半仰卧位，解开衣扣，脱去或松开衣服，同时用电扇或扇子扇风，以帮助散热，有条件时可在空调房内降温，同时补充含盐分的清凉饮料，即可逐渐恢复。对于大出汗和伴有呼吸循环衰竭倾向的中暑者，可以饮大量的糖盐水，有条件做静脉输液者最好采用葡萄糖生理盐水，也可以给病人服用人丹、藿香正气水等药物。

（2）重度中暑者必须争分夺秒地紧急抢救，迅速降低过高体温，纠正水、电解质的紊乱，防止休克和脑水肿等。用冷水或冰水冷敷头部、颈部及四肢大血管处（如腋窝、腹股沟）等进行物理降温，也可用浓度为40%的酒精擦身，同时按摩病人的四肢，以防周围循环的停滞。

（3）药物降温与物理降温同时应用效果较好。常用的降温药物是氯丙嗪，该药有抑制体温、调节中枢、扩张周围血管、加速散热、松弛肌肉及降低氧耗量的作用。用法：将氯丙嗪25～50毫克稀释至500毫升葡萄糖溶液或生理盐水中滴注1～2小时。病情紧急时，可将氯丙嗪25毫克及异丙嗪25毫克稀释于100～200毫升葡萄糖溶液或生理盐水中，在10～20分钟内滴注完毕。若2小时后体温仍无下降趋势，可再重复一次。滴注时，注意观察血压、心率、呼吸等变化。受条件限制时，亦可使用阿司匹林等药物。

经上述处理仍无好转的病人，应当尽快送医院治疗。

四、晕厥

晕厥（图6-9）又称昏厥、虚脱、昏倒，是因脑部缺血缺氧引起的短暂的意识不清的状态，在脑供血恢复后就能立刻苏醒。在生活中常因久蹲猛起出现这种情况，眼前一黑，从几秒钟到一两分钟不等，严重者晕倒后容易因撞击造成二次伤害。

1. 晕厥的原因

单纯性晕厥较多见，可以由强烈刺激诱发，如恐惧、疲劳、疼痛、见血、悲痛或饥饿。从而引起全身广泛性小血管扩张，使脑部缺血导致晕厥。但是，晕厥也可能是某些严重急病的表现，如各种心脏病、颈椎病、脑动脉硬化、低血压等。

2. 晕厥的临床表现

昏厥前有预兆，患者有头晕、眼花、恶心、耳鸣、眼前发黑、出冷汗、衰弱、站立不住而昏倒等症状。

图6-9　晕厥

昏厥的进一步发展会出现神志不清、面色苍白、皮肤湿冷、呼吸表浅、脉搏弱而慢但逐渐加速、血压逐渐降低、不省人事等症状。昏厥发作时，患者多处于站立或坐位，很少在卧位时发生。

3. 晕厥的处理措施

（1）出现晕厥先兆症状或者昏倒在地时，让病人平卧，头部略低并抬高下肢，解开衣领腰带等。

（2）移动病人至空气流通处，听病人是否有呼吸；病人呼吸困难，如有条件可以吸氧缓解；若呼吸停止，应立即进行人工呼吸救治。

（3）针刺或用手掐有效穴位，如人中穴、合谷穴等，以促其苏醒。

（4）知觉恢复后，可给以热茶、热咖啡。给患者擦涂清凉油、风油精等也有一定疗效。

（5）病人清醒后，有条件时应送医院做进一步检查，以明确是否有心脏病、颈椎病、脑血管病等，便于针对病因治疗。

五、休克

休克是急性循环功能不全，使维持生命的重要器官得不到足够的血液灌注而产生的综合病症。休克可发生在各种不同的疾病中，其发病的原因是血管内有效血容量的绝对或相对不足、血液的循环和流动不良，最后导致组织缺血、缺氧。

1. 休克的原因

（1）低血容量性休克。低血容量性休克主要为失血或失液性休克，是大血管破裂、消化道大出血或内脏破裂等，也可见于肠梗阻、急性胃肠炎等所致的严重呕吐、腹泻及大面积烧伤引起的全身血容量不足。

（2）心源性休克。心源性休克是因心脏排血功能低下所致。如急性心肌梗死、各种心肌炎、心律失常、急性心包积液等。

（3）感染性休克。感染性休克又称中毒性休克，由病原体、毒素及抗体复合物等所致。如败血症、胆道感染、中毒性痢疾等。

（4）过敏性休克。过敏性休克是机体对某些药物或生物制品发生的过敏反应。如青霉素、破伤风及白喉抗毒素、血清过敏等。

（5）神经性休克。神经性休克是由外伤、剧痛、脑脊髓损伤及麻醉意外等引起。神经作用使周围血管扩张、有效血容量相对减少而导致休克。

2. 休克的临床表现

（1）神志改变，初期出现烦躁不安、口渴等症状，随后转为抑郁而淡漠，严重者出现昏迷。

（2）皮肤苍白、发绀、湿冷。

（3）脉搏细弱，心率高于100次/分钟。

（4）血压下降。

3．休克的一般处理原则

（1）一旦发现病人处于休克状态，必须迅速就地抢救并且呼叫急救医生。切忌将病人搬来搬去，在休克未明显稳定和改善时，不要试图送病人去医院。

（2）让患者去枕平卧，下肢抬高30°，保持安静，避免过多地搬动，有呕吐者头转向一侧，防止呕吐物阻塞呼吸道，并注意保暖。

（3）如果患者神志清楚，可喝少量的糖盐水或淡盐水，不能喝白开水，有条件时可吸氧。

（4）找出休克原因，尽快针对病因治疗。船上以心源性休克和失血性休克较为多见。对于出血所致的休克，应尽快止血。对于外伤性休克，除用止痛药外，应同时用止血药，必要时进行人工呼吸和胸外心脏按压。

六、冻伤

寒冷引起的局部组织损伤称为冻伤。在寒冷季节和寒冷地区，潜水员因穿着不暖和、饮食不足或者在室外长时间工作又未能很好休息时，容易发生冻伤。

1．冻伤的临床表现

局部冻伤主要是低温对局部的刺激引起血管强烈收缩造成的组织缺血。局部冻伤表现为皮肤苍白、冰冷、疼痛和麻木，复温后伤部表现与烧伤相似，按程度可以分为四度。

一度：皮肤浅层冻伤，局部皮肤从苍白变为斑状的蓝紫色，以后红肿、发痒、刺痛和感觉异常，约1周后症状消失，表皮逐渐脱落，不留瘢痕。

二度：皮肤全层冻伤，除红肿外，还有大小不等的水疱，患处疼痛剧烈，对针刺及冷热觉均消失，若无感染，2～3周后水疱干枯结痂痊愈，一般也不留瘢痕。

三度：冻伤累及皮肤全层和皮下组织，皮肤由苍白逐渐变为蓝色，再变成黑色，感觉消失，坏死组织脱落有创面，易发生感染，愈合较慢留下瘢痕可能影响功能。

四度：这种冻伤基本不太会出现在潜水活动中。在四度冻伤情况下，皮肤、肌肉、甚至骨骼都被冻伤，运动功能完全丧失，此种冻伤很容易造成伤残和身体功能障碍。

2．冻伤的急救方法及治疗步骤

（1）将冻伤部位浸泡在38 ℃~42 ℃的温水中5~7分钟，可迅速恢复局部血液循环，使皮肤颜色和感觉恢复正常。

（2）用无菌盐水冲洗，再根据冻伤的程度做相应的处理。一般来说潜水员可能发生的是一、二度冻伤，冲洗冻伤部位后涂冻伤膏，较大的水疱可以用注射器吸出其中的渗出液，然后进行包扎。

七、事故处理

作为一名潜水长，在救援能力以外还应该具备协助处理事故的能力。

在事故发生时，潜水长首先应该服从在场最有经验的救援组织者安排，进行力所能及的工作。在整个救援过程中，尽可能用拍照或摄像方式进行全面的记录，包括时间、人员、装具、环境等信息，如果没有摄影、摄像条件，尽量记住事件的过程以及关键时间点。

在事故中及事故发生后，应该尽可能照顾发生事故的人员，并且尽可能保存相关装具和设施，以备事后相关部门的查验。对发生事故人员的亲属和朋友表示安慰，不要推测事件的起因和过程，不要向非事件参与者发表任何评论，一切结论以当地执法机关官方信息为准。

在事故后第一时间填写事故调查报告提交至CDSA服务中心，并且配合后续官方调查，提交给各方的信息应该尽量一致，并将手中证据一并上交。

作为一名潜水长，应该学会如何撰写事故报告。事故报告应该是一份简单明了的叙述文，不应该带有对于责任人员的推测等主观的信息。一般来说，事故报告包括以下内容。

事故发生单位：可以是某某培训机构或某某潜水船、度假村。

事故发生时间：时间尽量具体。

事故发生地点：事故发生的具体地点。

事故简要经过：整个事件发生的过程，谁最先发现，什么时间发现，发现后都向哪些部门求援，应急措施有哪些，参与救援的人都有哪些，具体分工是什么，整个救援的流程如何。

事故结果：截至事故报告撰写时间，救援结果如何。是否有官方机构、医疗机构、民间机构参与事件。事故善后处理的情况有哪些以及其他相关情况。

签字：事故报告撰写人签字、日期和时间、联系方式。相关证人签字。每份证据提交者签字。

小贴士

休闲潜水学习的是如何轻松地享受潜水，如果想要学习如何进行专业的救助以及搜寻、打捞，欢迎向教练了解CDSA应急救援与公共安全潜水。

第七单元

潜水技巧与程序

　　潜水长需要具备演示级别的动作技巧示范以及模范级别的行为表率作用，也应该是一名海洋环保先锋。

本单元的学习内容：

一、潜水长的毕业要求

二、潜水程序

三、潜水注意事项

一、潜水长的毕业要求

1．理论考试

完成潜水长理论考试，获得80%以上的正确率，并通过讨论和复习最终达到100%的理解。

2．水性测试

潜水长需要协助教练上课并独立执行浮潜、复习潜水等课程。

穿戴全套浮潜装备，不间断浮潜800米，时间不超过17分钟。

在10分钟内使用任何一种泳姿完成400米不停歇的游泳（仅允许穿戴正常泳装、泳帽、泳镜）。

水底连续潜游25米。

从深度不超过6米的水底拖带一名无反应潜水员上升至水面，并进行全套装备水面拖带疲惫潜水员100米，拖带时间不超过4分钟。

在无任何工具帮助的情况下进行15分钟救生漂浮（如使用潜服，需佩戴相应配重抵消浮力）。

3．其他要求

学员应有60次以上的潜水记录，其中的30次潜水要尽可能地在各种不同环境下进行。

能够以潜水长的水准演示所有技能。

二、潜水程序

1．下水前准备

下水前，我们需要学习如何熟练利用潜水装备，在水下正常呼吸，轻松欣赏水下美景。在水下，装备便是我们赖以生存的工具，所以在每次下水前我们都要认真检查我们的装备，规避潜在的风险。

2. 潜水计划

潜水长做的潜水计划要基于工作地环境，如气候、海况、水下生物。潜水计划包括水下深度、时间和最低余气量的规划，需要有一份水下行进路线的示意图，根据不同的水流制定不同的潜水计划。在潜水计划中，应该包含一份整日潜水的潜水侧面图（Diving Profile），上面按照潜水计划表规划好每日潜水的水底时长，水面停留间隔时间等重要信息。

作为一名潜水长，潜水计划应包含更详细的信息：可能遇到的海洋生物、可能遇到的伤害以及应对方法；客人可能遇到的意外情况以及应对方法；应当配备的急救设施及位置；当地救援中心的联系方式及海警等救援力量的联络方式。

3. 潜水简介

潜水简介，也叫潜水简报，是每一位潜水长必备的技能。带领持证潜水员进行观光娱乐潜水是潜水长最重要的工作，在下水前让潜水员了解本次潜水的主要信息是潜水长的基本工作。

潜水简报需要包含本次下水位置、下水方式、下水后如何集合、下潜深度是多大、潜水预计时间多长、最低余气量是多少、水下能见度如何、温度如何、水流情况如何等。还包括本次潜水行进方向、可能遇到哪些海况、可能看到哪些生物、常用潜水手势的统一、与潜伴失散应如何处理等。

提醒潜水员当水下发现残压还有70 bar时候就要提示你，残压还有50 bar时候必须警示你。

作为一名潜水长，如果能用一张简明生动的图来示意本次潜水，一定会非常受潜水员的欢迎。应该在每一潜的潜水简报中强调安全和环保：不要超出自己训练极限潜水，不要与大家失散独自潜水，不准无端触碰海底生物，这样是对潜水员也是对海洋的负责。

4. 潜水流程

（1）潜伴互查。潜伴互相检查装备，如图7-1所示。

需要检查的顺序是：W-A-B-O。

配重系统有没有带好（W，Weight）：有没有携带配重系统。

呼吸系统（A，Air）：让潜伴将二级头咬在嘴里，眼睛看着残压表，然后呼吸两口气，看残压表指针是否有晃动。

浮力补偿装置（B，以下简称BC）：按住充气阀给BC充满气，看BC是否漏气，再用排气阀看放气是否顺利，并且拉动排气阀，看防爆阀是否起作用。然后看气瓶上的绑带是否绑紧，安全带是否挂在气瓶阀上。

图7-1　潜伴互相检查装备

其他装备（O，Other）：检查面镜是否挂在脖子上，呼吸管是否正确连接在面镜带上，脚蹼是否已拿在手中。

最后到平静水域边最适合下水的地方相互扶着穿脚蹼。

（2）入水流程。根据入水的地点和周围环境，可以选择不同的入水方式。潜水长可以与潜水员一同入水，也可以先入水查看水况，也可以在协助其他潜水员入水后最后入水，视具体情况而定（图7-2）。

图7-2　入水

坐姿入水法（Controlled Seated Entry）：这种方法适合于从泳池边等离水面很近的平台上进入水中，并且水面近于平静水域，最适合泳池练习。

穿好脚蹼，坐在泳池边缘，尽量在边缘坐稳。将面镜带好，呼吸管放入口中，将BC充气，手放在泳池边缘。确认周围水面没人会被气瓶砸到，将双手压在身体同一侧，手臂用力推动身体远离池壁时候转身进入水中，将BC充满气漂在水面上，向岸上的人打出"OK"的手势，然后游开给下一位要入水的人让开空间。

跨步入水法（Giant Stride Entry）：跨步入水法是最常用的入水法，适用于有站立平台的环境，潜水船上使用的入水方式通常为跨步入水法。

如果平静水域时泳池较浅，请不要练习跨步入水法。

穿好脚蹼，在船员协助下走到船边缘。脚踩稳船边缘，左右按住配重带，右手手掌按住调节器防止调节器脱落，手指压住面镜防止水冲击滑脱。常用的一只脚向前方伸出，双眼目视前方，身体重心前移，将自己身体推向前方。落入水中后充满BC，向船上人打出"OK"的手势，然后游开给下一位要入水的人让开空间。

背滚入水法（Back Roll Entry）：背滚入水法是坐快艇或多尼船时最常用的入水法，适用于离水面较近的船舷边可以坐着的情况。

此种方法必须在开放水域中练习，不可以在泳池边练习，以免磕伤、碰伤。

所有坐在船边的潜水员保持一定距离，穿好脚蹼带好面镜，将BC充一些气，回头左右看水面，确认水面没有人或者突出礁石。将调节器放入口中，一只手按紧调节器和面镜防止脱落，另一只手护在后脑同时压住面镜带。低头，将头靠近胸口，等待船员指令。当船员指令"一，二，三，走"（具体指令由船员决定）时，船舷边所有人一起向后翻滚进入水中，充满BC，向船上人打出"OK"的手势，然后迅速向船头游动集合。

背滚式入水时，一定要注意水面情况，避免出现砸到别人或者撞到礁石的情况。因为背滚式入水在刚入水时容易发生无法辨别方向的情况，这非常正常，只要稍缓一下，已充了一部分气的BC会将你带向水面方向。背滚式入水最容易遇到的是面镜脱落，要注意按紧面镜带，避免面镜丢失。

（3）水下技巧。在潜水长课程中，教练会要求你反复练习每一个潜水技巧，直到达到示范级别的标准。在这个阶段，仅仅将动作完成是不够的，你需要将动作做到标准并尽量美观。

潜水长需要掌握并示范的动作有：

➢ 调节器与呼吸管适应练习

➢ BC充排气（包括口吹）

➢ 清除呼吸管中积水

➢ 清除调节器中积水（两种方式）

➢ 水面呼吸管/调节器切换

➢ 调节器寻回（两种方式）

➢ 面镜排水（半面镜排水与全面镜排水）

➢ 面镜脱下并重新戴上

➢ 耳压及面镜压力平衡

➢ 浅水区游动练习

➢ 无面镜游动

➢ 配重移除并穿回（水面，水中）

➢ 从漏气的调节器中呼吸

➢ 气源共享上升技巧模拟练习

➤ 三种入水方式训练

➤ 调整合适配重

➤ 下潜至底部，用BC建立中性浮力

➤ 水底脱下BC并重新穿回BC

➤ 水底潜游至少50米，并读取残压表，用手势告诉教练数值，并练习当残压不足时的手势

➤ 悬浮

➤ 中性浮力练习

➤ 潜水姿态练习

➤ 气源共享并上升到水面（训练时不可以超过5米水深）

➤ 有控制的紧急游动上升（模拟紧急上升，到水面后口吹BC浮在水面）

➤ 使用水面浮力信标

➤ 正常有控制升水，到达水面后用低压充气阀充满BC漂浮在水面，以及用口吹法充BC飘在水面两种方式

➤ 救援技巧：抽筋解除，水面拖带疲惫潜水员至少25米

➤ 指北针直线导航（可事先在陆地演练）

（4）出水。当结束潜水时，我们开始准备回到陆地上。

岸边：如果是走回岸边，请注意近海处的礁石以及珊瑚和海胆等海洋生物，跟在教练身后沿教练走过的路线行进，避免踩到海洋生物。在岸边会有波浪或涌，可以用身体感觉水流的规律，在波浪向后推时站定，波浪往前推时顺势前行。

船潜：如果是船潜，在结束潜水时所有人都集中在水面，船开到潜水员不远处并熄灭引擎后，潜水长要清点人数，指挥大家游向船边。然后所有潜水员排好队，保持BC充满气浮在水面的状态，按顺序游到梯子旁边，然后站在梯子底端脱掉脚蹼，将脚蹼和配重带递给船上的支援人员。潜水长此时应在船下关照其他

潜水员不被水流吹散，让大家不要在上船潜水员的下方以免发生意外。潜水长应该最后一个上船，然后再清点一次人数。

潜水船如图7-3所示。

图7-3 潜水船

（5）潜水后总结。潜水长需要对此次潜水进行总结，如果潜水员在潜水中有违规行为或者存在安全隐患，此时潜水长会再次向潜水员强调安全纪律。

在潜水后总结时，可以向大家进行一些当地生物或者潜点有趣知识的普及，顺便再点一次名。

（6）清洗、保养装备。当潜水员都回到岸上，潜水员应该用淡水冲洗装备，然后拆卸并将装备放在阴凉处晾干后收纳。

拆卸装备时请按照与组装顺序相反的顺序进行，先关上气瓶，按住二级头排气按钮将调节器中气体排净，才可将调节器从气瓶上拧下（图7-4）。

图7-4　清理装备

（7）潜伴制度。潜伴制度是休闲潜水中最重要制度之一，潜伴是在发生意外时候互相帮助的人，也是装备发生故障时候的依靠。在休闲潜水中，永远不要独自潜水。潜水长有时是没有固定潜伴的，需要保证自己的装备在最佳状态，并且自己的潜水水平可以应付潜水地的海况。同时潜水长要时时关注潜水员的状况，当发现一对潜伴分开时，要提醒他们不要超过一臂的安全距离。

在潜水的后半程随时询问潜水员的余气量，并重点关注余气不多的潜水员。无论是在水上还是在水下都要观察，在水面时，如果对方出现不舒服或者不想潜水的征兆，一定不要勉强对方下水，这对于对方和自己来说都是一种不安全的行为。如果在水下潜水员出现不舒服的情况，也可以视情况随时终止此次潜水。请记住，休闲潜水中，安全是第一位的，潜水员们的安全和健康应该永远是第一考量的因素。

（8）安全停留。在休闲潜水中，我们进行的都是免停留潜水，即在不进行免减压停留的基础上，罹患减压病的风险也是较小的。但是原则上来说，我们应该每一潜都进行五米三分钟安全停留，让体内的氮在这个时机排出，将减压病风险降到最低。

在安全停留时，一般来说潜水长会将潜水员带到周围水流较为平静的区域。此时，潜水长应升起潜水员水面标记（SMB），让船只过来迎接，也提醒来往船只水下有人。此时潜水长应注意观察潜水员情况，清点人数，并留意来往船只。

（9）重复潜水。体内余氮量的管理对于潜水长来说非常重要，很多潜水长在一天之中会带不同潜水员下水，这时应充分考虑每一次潜的水底时长与出水间隔时间结合计算出的体内余氮量，保证体内累计的"氮气时钟值"不超过我们身体所能承受的范围，避免减压病的发生。

潜水电脑表是每一位潜水长必备的帮手，当下水的那一刻它就自动开始工作，计算潜水深度和潜水时长，根据之前的潜水情况来累积计算水下的免停留时间和水面休息时间。在整个潜水过程中，需要时常查看潜水电脑表和残压表，听到潜水电脑表报警时一定要引起注意。

三、潜水注意事项

一般来说开放水域深度会比平静水域大，无法随时浮上水面，并且水面可能会有来往的船只。在开放水域中我们可能会遇到浪、水流以及各种各样的水下生物，这些都要求我们在开放水域中更要严格遵守潜水守则。作为潜水长，需要留意和照顾跟随的潜水员。

1. 要求潜水员紧跟教练或潜导，随时关注潜伴

要求潜水员紧跟教练或潜导，在观赏风景同时要随时注意他们的动态。

如果遇到意外与队伍中其他人失散，记得执行失散程序：先环绕360°看周围有没有潜伴的身影，再上下看看是否在上方或下方。如确实无法找到队友，在原地等待一分钟后升水，正常做安全停留，并打出SMB，到水面后把BC充满漂浮在水面等待船只来寻找。

2．强调不要憋气

在潜水物理学和生理学中我们学过，憋气上升是绝对不可取的，在整个潜水过程中应该保持持续且缓慢的呼吸。

3．保持良好的潜水姿势

在潜水中，要保持良好的潜水姿势，装备和身体都要呈流线型。这会大大减小水的阻力，并且不会在潜水过程中被管线勾拽或缠绕礁石等凸出的物体，进而影响到潜水安全。

在潜水过程中，身体应是微微向上15°左右，使调节器和肺部在同一水平线，这样呼吸更简单轻松。

4．了解潜水员的状态

休闲潜水应该是一种放松和娱乐，如果潜水员在潜水前感到身体不适，或者有感冒，或者前一晚喝酒太多第二天早上起来感觉不舒服（我们非常不建议潜水员在潜水行程中饮酒），应该劝说潜水员取消今天的潜水。如果在潜水过程中潜水员感到疲乏或不适，应该停下休息，必要时需要结束本次潜水。请记住，任何人可以在任何时间取消此次潜水。

5．强调不要触摸海洋生物，不要追逐海洋生物

应该多次向潜水员强调，在海里不要触摸任何生物。这是每个潜水员对海洋环境的责任所在，同时也是保护它们，在海里有很多生物如火珊瑚、水母等，即便不小心碰到它们也会受到伤害。

在海中见到潜水员追逐海洋生物或者进行一些不恰当的行为，潜水长应该及时制止他们。追逐生物对于这些被追逐的生物以及潜水员来说是同样危险的行为，在水中加速运动会让潜水员的呼吸加速，耗费大量的精力，容易产生高碳酸血症症状或者引发抽筋，气瓶中气体会快速消耗。

潜水长应该确保在潜水活动中，所有的潜水员都要一直在视野范围内活动，时不时默数一下潜水员的人数，以免发生失去潜水员行踪的情况。

附录：常见问题问答

➤ 问：儿童是否可以参加休闲潜水？

答：儿童参与休闲潜水，需要考虑身体生长发育以及情绪控制、自救能力等方面是否能够安全完成休闲潜水活动，由于儿童四肢长骨生长和卵圆孔未闭，所以限制10岁以上儿童才可以参加休闲潜水活动（短期的体验潜水除外），并且对儿童潜水的深度进行限制（10至11岁的儿童潜水员，最大下潜深度是12米；12至14岁的青少年潜水员，最大下潜深度是21米）。

➤ 问：女性学员在生理期或者怀孕期是否可以潜水？

答：少量研究表明，女性在生理期间潜水不会更容易罹患减压病。而使用卫生棉条能很好地解决潜水期间生理期问题，事实上很多女性潜水员会通过提前口服避孕药调节生理期的方法或者使用卫生棉条的方法来应对生理期。但是由于海水中存在细菌，最推荐的方法是提前调开生理期。如果没有提前调开而且不想影响潜水假期，是否在生理期潜水还是要看个人情况，如果生理期反应严重（剧烈腹痛等）或者计划的潜水点水温非常低，则建议生理期结束后再进行潜水。

而对于妊娠期间的女性潜水员，则建议不要潜水，因为目前的研究样本无法表明惰性气体以及高压对胎儿的影响。

➤ 问：残障人士是否可以参加潜水？

答：虽然需要他人协作才可以完成，但是身体残疾者是可以进行潜水的，作为潜水长，需要更多地对残疾者进行关注，随时注意他们在水上和水下的状况，选择适合他们的潜水区域，并且需要制定好符合他们情况的潜水计划和应急方案。

➤ 问：潜水对心理和精神问题有什么影响？

答：潜水活动是一项脱离了我们熟悉的生活环境——陆地，而在水下进行的活动，需要我们有良好的判断力和应变能力来应对水下突发情况。所以潜水员应具有一定的精神稳定性，有幽闭恐惧症以及正在接受精神疾病治疗期间的人不能参加潜水活动，酒精及药物成瘾的人不能参加潜水活动。如曾经有过精神疾病病史，请咨询过专业医生意见后再确定是否合适进行潜水活动。

➢ 问：在海中遇到鲨鱼会不会很危险？

答：鲨鱼对于潜水员来说几乎没有什么危险性，但是这并不是说潜水员可以毫无防备像接近自己宠物一样接近它。当你突然接近它时，可能会被解读为攻击行为而受到反击。

　　　　作为一名对自己负责的合格潜水员，我承诺不在气候和水文条件不佳的情况下潜水；不在装具不齐全的情况下潜水；不独自潜水；不进行超过自己执照等级和训练水平的潜水。我自己和潜伴的安全是第一位的，我承诺成为一名注重安全、环保的CDSA潜水员。